Die Bewältigung städtebaulicher Missstände
als Themengegenstand der Innenentwicklung

Die Bewältigung städtebaulicher Missstände als Themengegenstand der Innenentwicklung

Herausgegeben von Willy Spannowsky und Andreas Hofmeister

Der juristische Verlag
lexxion
Berlin

Bibliografische Information der Deutschen Nationalbibliothek

Die Deutsche Nationalbibliothek verzeichnet diese Publikation in der Deutschen Nationalbibliografie; detaillierte bibliografische Daten sind im Internet über http://dnb.d-nb.de abrufbar.

ISBN: Print 978-3-869 65-200-9
E-Book 978-3-869 65-201-6

www.lexxion.de

Umschlag: Tozman Satz & Grafik
Satz: typossatz GmbH, Berlin

Vorwort

Das Thema „Bewältigung städtebaulicher Missstände“ ist ein praxisbedeutsames Themenfeld der Innenentwicklung, mit dem sich die Städte und Gemeinden befassen müssen, um eine Revitalisierung der Innenstädte und Ortskerne zu erreichen. Leerstände, das Vorhandensein ziviler und militärischer Brachflächen, Trading-Down-Effekte und die Agglomeration von Spielhallen lassen sich vielfach nur durch den Einsatz eines Pakets städtebaulicher Maßnahmen informeller und förmlicher Art beeinflussen.

Die wissenschaftliche Fachtagung, die am 20. September 2011 unter der Schirmherrschaft des Bundesministeriums für Verkehr, Bau und Stadtentwicklung vom Lehrstuhl für Öffentliches Recht an der Technischen Universität Kaiserslautern durchgeführt wurde, widmete sich den mit dieser Thematik zusammenhängenden aktuellen Fach- und Rechtsfragen, die in einer Reihe mit den vielfältigen Themen zur Innenentwicklung stehen. Neben dem Bericht zur BauGB-Novelle 2011 bildeten auf der Tagung die Entwicklungen im Bereich der Städtebauförderung und die Maßnahmen, die das Besondere Städtebaurecht zur Bewältigung städtebaulicher Missstände bereithält, sowie diesbezügliche Praxiserfahrungen den Gegenstand der Erörterung zwischen Planungspraxis und Wissenschaft. Der vorliegende Band enthält die schriftlich ausgearbeiteten Vorträge der Referenten.

Willy Spannowsky
Andreas Hofmeister

Inhalt

Bericht über die BauGB-Novelle 2011 und Städtebauförderung

*Regierungsdirektor Dr. Rolf Blechschmidt**

I. Einleitung

Der Koalitionsvertrag von CDU, CSU und FDP vom 26.10.2009 sieht vor, den Klimaschutz und die Innenentwicklung im Baugesetzbuch (BauGB) zu stärken. Des Weiteren soll die Baunutzungsverordnung umfassend geprüft werden.

* Bundesministerium für Verkehr, Bau und Stadtentwicklung, Berlin.

Der zur Umsetzung dieses Auftrages durchzuführenden Bauplanungsrechtsnovelle gingen intensive Vorarbeiten voraus. Bereits in der vergangenen Legislaturperiode wurde ein Gutachten der Professoren Battis, Kersten und Mitschang erarbeitet, das sich mit den Grundlagen von Klimaschutz und Klimawandel in der Bauleitplanung befasst („Stadtentwicklung – Rechtsfragen der ökologischen Stadterneuerung“).[1] Von besonderer Bedeutung sind zudem die „Berliner Gespräche zum Städtebaurecht“. Die Gesprächsreihe, in der von Juni bis November 2010 ca. 25 ausgewiesene Baurechtsexperten den Änderungsbedarf im Baugesetzbuch und in der Baunutzungsverordnung diskutiert haben, wurde zur Vorbereitung der Bauplanungsrechtsnovelle im Auftrag des Bundesamtes für Bau-, Stadt- und Raumforschung vom Deutschen Institut für Urbanistik (Difu) durchgeführt.[2] Der Ergebnisbericht zu den „Berliner Gesprächen zum Städtebaurecht“ wurde Herrn Bundesminister Dr. Peter Ramsauer am 19.11.2010 im Rahmen einer Festveranstaltung zum 50-jährigen Jubiläum des Bundesbaugesetzes/Baugesetzbuch übergeben. Ein wesentliches Ergebnis der Berliner Gespräche war, dass schlanke Änderungen ausreichen, um den politischen Vorgaben Rechnung zu tragen. Dies entspricht im Ergebnis auch den Wünschen der Kommunen, für die umfangreiche Gesetzesänderungen regelmäßig auch einen erheblichen Umstellungsaufwand bedeuten.

II. Gesetzgebungsverfahren

Das federführende Bundesministerium für Verkehr, Bau und Stadtentwicklung leitete im Februar 2010 die Ressortabstimmung zu einem ersten Arbeitsentwurf ein. Der zunächst angestrebte Zeitplan für die Novelle, der auf ein Inkrafttreten zu Beginn des Jahres 2012 zielte, musste jedoch modifiziert werden, denn nach der Reaktorkatastrophe im japanischen Fukushima am 11.3.2011 hat die Bundesregierung entschieden, beschleunigt eine Energiewende durchzuführen. In diesem Zusammenhang sollte als Bestandteil eines umfangreichen Gesetzespakets zum so genannten Atomausstieg auch der energie- und klimapolitische Teil der Bauplanungsrechtsnovelle vorgezogen werden. Das Gesetzgebungsverfahren zu dieser „Klimaschutznovelle“ fand sodann in ungewöhnlicher Zügigkeit statt: Der

1 Das Gutachten kann auf den Internetseiten des Bundesinstituts für Bau-, Stadt- und Raumforschung (BBSR) heruntergeladen werden: http://www.bbsr.bund.de.

2 Der Ergebnisbericht zu den „Berliner Gesprächen zum Städtebaurecht“ kann von den Internetseiten des Difu heruntergeladen werden: http://www.difu.de/publikationen/2010/berliner-gespraeche-zum-staedtebaurecht.html.

Referentenentwurf wurde am 16.5.2011 mit einer Stellungnahmefrist von zehn Tagen an Länder und Verbände versandt. Am 6.6.2011 beschloss das Bundeskabinett den Regierungsentwurf.[3] Parallel wurde der Entwurf als Fraktionsinitiative in den Bundestag eingebracht.[4] Zweck dieses parallelen Vorgehens war es, dem Bundesrat einerseits die Möglichkeit zur Stellungnahme zu geben, andererseits aber das Parlament parallel mit dem Gesetzentwurf befassen zu können. Der Bundesrat nahm am 17.6.2011 Stellung, die Bundesregierung erwiderte darauf mit ihrer Gegenäußerung vom 22.6.2011[5]. Am 27.6.2011 fand im Verkehrs- und Bauausschuss des Bundestages eine öffentliche Anhörung statt, in der auch die Ergebnisse des Planspiels vorgestellt wurden, das trotz der Kürze der Zeit in modifizierter Form durchgeführt werden konnte. Nach der abschließenden Beratung des federführenden Bundestagsausschusses (29.6.2011), in dem eine Reihe von Änderungen zum Gesetzentwurf beschlossen wurden,[6] wurde das Gesetz – gemeinsam mit den anderen Gesetzen des Energiewendepakets – am 30.6.2011 vom Deutschen Bundestag mit breiter Mehrheit beschlossen. Das Gesetz zur Förderung des Klimaschutzes bei der Entwicklung in den Städten und Gemeinden vom 22.7.2011 ist am 30.7.2011 in Kraft getreten.

Der zweite Teil der Bauplanungsrechtsnovelle, dessen Schwerpunkt auf einer Stärkung der Innenentwicklung liegt, wird derzeit zwischen den Ressorts abgestimmt. Die Versendung an Länder und Verbände ist für den Herbst 2011 vorgesehen.

III. Gesetz zur Förderung des Klimaschutzes bei der Entwicklung in den Städten und Gemeinden

1. Grundlagen

Bislang war nicht eindeutig geklärt, ob und inwieweit Klimaschutz im Städtebaurecht zulässig ist. Den bestehenden Zweifel trat bereits das erwähnte Gutachten der Professoren Battis/Mitschang/Kersten entgegen. Danach kann Klimaschutz im Baugesetzbuch auf der Grundlage des Art. 74 Abs. 1 Nr. 18 des Grundgesetzes (GG) geregelt werden, da Anknüpfungspunkt für die Bauleitplanung

3 BR-Drs. 344/11.

4 BT-Drs. 17/6076.

5 BT-Drs. 17/6253.

6 BT-Drs. 17/6357.

die Nutzung von Grund und Boden ist; Städte und Gemeinden tragen also den Anforderungen des Klimaschutzes durch Vorgaben zur örtlichen Bodennutzung Rechnung. Daher ist es sachgerecht, dass die Gemeinden auch die Auswirkungen der geplanten Bodennutzung auf das Klima berücksichtigen, die bodenrechtlichen Konflikte lösen und planerische Vorsorge leisten. Diese Sichtweise wurde auch in den Berliner Gesprächen zum Städtebaurecht geteilt.

Ergebnis der „Berliner Gespräche" war auch, dass Bauleitplanung und Energiefachrecht, wie es insbesondere im Erneuerbare-Energien-Wärmegesetz und in der Energieeinsparverordnung geregelt ist, nicht in einem grundsätzlichen Konkurrenzverhältnis zueinander stehen sollen.

2. Einzelne Regelungen

a. Klimaschutz und Klimaanpassung als Planungsleitsatz (§ 1 Abs. 5 Satz 2 BauGB); Klimaschutzklausel (§ 1a Abs. 5 BauGB)

In § 1 Abs. 5 Satz 2 BauGB sind nunmehr auch der Klimaschutz und die Klimaanpassung ausdrücklich als Aufgaben der Bauleitplanung benannt. Ergänzend ist eine Klimaschutzklausel im neuen § 1a Abs. 5 BauGB aufgenommen worden, die dem § 2 Abs. 2 Nr. 6 des Raumordnungsgesetzes (ROG) nachgebildet ist.

Erstmals ausdrücklich erwähnt wird im Baugesetzbuch die Klimaanpassung, d. h. die Anpassung an den Klimawandel.

b. Darstellung der Ausstattung des Gemeindegebiets mit Anlagen, Einrichtungen und Maßnahmen zum Klimaschutz und zur Klimaanpassung (§ 5 Abs. 2 Nr. 2 BauGB)

Im neu gefassten § 5 Abs. 2 Nr. 2 BauGB entspricht Buchstabe a der bisherigen Regelung.

Die neuen Buchstaben b und c regeln die Darstellung der Ausstattung des Gemeindegebiets mit Anlagen, Einrichtungen uns sonstigen Maßnahmen, die dem Klimawandel entgegenwirken und die der Anpassung an den Kimawandel dienen. Die Regelungen ermöglichen es insbesondere, dass die Kommunen städtebaulich umsetzbare Aussagen ihrer Energie- und Klimaschutzkonzepte in einem Flächennutzungsplan darstellen und diesen somit sowohl eine höhere rechtliche Verbindlichkeit als auch – insbesondere infolge der Öffentlichkeits- und Behördenbeteiligung nach §§ 3 bis 4a BauGB – eine höhere Akzeptanz verleihen.

c. Teilflächennutzungsplan (§ 5 Abs. 2b BauGB)

Mit der Neufassung des § 5 Abs. 2b BauGB wird klargestellt, dass Teilflächennutzungspläne nicht ausschließlich für Darstellungen im Sinne des § 35 Abs. 3 Satz 3 BauGB aufgestellt werden können. Aus den Darstellungen können auch im Sinne des § 8 BauGB Bebauungspläne entwickelt werden. Ein Teilflächennutzungsplan muss aber immer auch Darstellungen im Sinne des § 35 Abs. 3 Satz 3 BauGB enthalten.

Mit der Neufassung wird zugleich klargestellt, dass Teilflächennutzungspläne auch für Teile des Gemeindegebiets aufgestellt werden können.

d. Festsetzungskatalog

aa. § 9 Abs. 1 Nr. 12 BauGB
In § 9 Abs. 1 Nr. 12 BauGB wird klargestellt, dass Versorgungsflächen auch Flächen für Anlagen und Einrichtungen zur dezentralen und zentralen Erzeugung, Verteilung, Nutzung oder Speicherung von Strom, Wärme oder Kälte aus erneuerbaren Energien oder Kraft-Wärme-Kopplung sind. Möglich ist danach z. B. eine gezielte Festsetzung von Flächen für Anlagen der Kraft-Wärme-Kopplung innerhalb eines Baugebiets.

bb. § 9 Abs. 1 Nr. 23 Buchstabe b BauGB
Mit der Neufassung des § 9 Abs. 1 Nr. 23 Buchstabe b BauGB wird nunmehr eindeutig bestimmt, dass nicht nur bauliche, sondern auch technische Maßnahmen erfasst sind, und neben der Erzeugung auch die Verteilung, Nutzung oder Speicherung von Strom, Wärme und Kälte aus erneuerbaren Energien umfasst wird. Auf die besondere Betonung der Solarenergie wurde verzichtet. Hinzugekommen sind Kraft-Wärme-Kopplungsanlagen. Mit den „bestimmten baulichen Anlagen" sind im Bebauungsplan zu bestimmende Anlagen gemeint. Hier kann die Neufassung praktische Bedeutung haben, z. B. bei Festsetzung einer Lärmschutzwand nach § 9 Abs. 1 Nr. 24, die mit der Festsetzung von Photovoltaikanlagen an oder auf diesen Lärmschutzwänden kombiniert wird.

cc. § 9 Abs. 6 BauGB
Ein gemeindlicher Anschluss- und Benutzungszwang – insbesondere auf Grundlage des § 16 EEWärmeG – kann im Bebauungsplan nachrichtlich übernommen werden. Die nachrichtliche Übernahme dient der Information der Bürger und aller an der Planung Beteiligten.

e. Städtebaulicher Vertrag (§ 11 Abs. 1 Satz 2 Nr. 4 und 5 BauGB)

Mit der Neufassung des § 11 Abs. 1 Satz 2 Nr. 4 BauGB werden über die bisherige Regelung hinaus nicht nur Solaranlagen sowie Anlagen und Leitungen für Kraft-Wärme-Kopplung erfasst, sondern sämtliche Anlagen und Einrichtungen zur dezentralen und zentralen Erzeugung, Verteilung, Nutzung oder Speicherung von Strom, Wärme oder Kälte aus erneuerbaren Energien oder Kraft-Wärme-Kopplung.

Nach der neuen Nummer 5 können auch Vereinbarungen über die energetische Qualität von Gebäuden getroffen werden. Damit wird die Möglichkeit geschaffen, über Anforderungen des Energiefachrechts durch vertragliche Vereinbarungen hinauszugehen.

f. Außenbereich (§ 35 BauGB)

aa. § 35 Abs. 1 Nr. 6 BauGB

Mit der Umstellung des Grenzwerts von 0,5 Megawatt installierter elektrischer Leistung auf 2,0 Megawatt Feuerungswärmeleistung wird nunmehr im Bauplanungsrecht dieselbe Einheit verwendet wie in der Vierten Verordnung zur Durchführung des Bundes-Immissionsschutzgesetzes (4. BImSchV). Bei Zugrundelegung der Feuerungswärmeleistung können zudem technische Verbesserungen und Erhöhungen des Wirkungsgrades von Biomasseanlagen sachgerechter abgebildet werden. Zugleich darf die Kapazität einer Anlage zur Erzeugung von Biogas 2,3 Millionen Normkubikmeter Biogas pro Jahr nicht überschreiten; dieser Grenzwert dient dabei indirekt der Begrenzung der Kubatur der Anlage.

Anlagen zu Stromerzeugung aus Biomasse im Sinne von § 35 Abs. 1 Nr. 6 Buchstabe d BauGB müssen im Außenbereich generell den vorgegebenen Grenzwert für die Feuerungswärmeleistung von höchstens 2,0 Megawatt einhalten. Dieses Kriterium gilt gleichermaßen für Biogasanlagen, für Anlagen zur Verbrennung oder thermochemischen Vergasung von fester Biomasse (z. B. Holzhackschnitzel) und für Anlagen zur Stromerzeugung aus flüssiger Biomasse (z. B. Pflanzenöl).

Für Biogasanlagen ist kumulativ zu dem Grenzwert für die Feuerungswärmeleistung auch der zweite neue Grenzwert nach § 35 Abs. 1 Nr. 6 Buchstabe d BauGB zur Kapazität der Biogaserzeugungsanlage von höchstens 2,3 Millionen Normkubikmeter Biogas pro Jahr einzuhalten. Eine Biogasanlage, deren Feuerungswärmeleistung unterhalb von 2,0 Megawatt bleibt, wäre daher dennoch unzulässig, wenn die Kapazität der Biogaserzeugungsanlage 2,3 Millionen Normkubikmeter Biogaserzeugung pro Jahr überschreitet.

bb. § 35 Abs. 1 Nr. 7 BauGB
Mit der Neufassung des § 35 Abs. 1 Nr. 7 BauGB wird der Ausstieg aus der Kernenergienutzung auch bauplanungsrechtlich nachvollzogen: Die Neuerrichtung von Kenkraftwerken ist nicht mehr privilegiert; Bauvorhaben, die innerhalb der Restlaufzeiten bei bestehenden Kernkraftwerken vorgenommen werden, bleiben jedoch möglich.

cc. § 35 Abs. 1 Nr. 8 BauGB
Anlagen zur Nutzung solarer Strahlungsenergie in, an oder auf Wand- und Dachflächen von Gebäuden (Solarthermieanlagen und Photovoltaikanlagen) sind im Außenbereich privilegiert zulässig. Die jeweiligen Gebäude müssen zulässigerweise genutzt werden; nicht erfasst werden daher Gebäude, deren Nutzung aufgegeben worden ist. Soweit entsprechende Gebäude zurückzubauen sind, erstreckt sich dies auch auf die Solaranlagen. Die Privilegierung setzt voraus, dass die Anlagen dem Gebäude baulich, d. h. räumlich-gegenständlich, untergeordnet sind. Nicht erfasst sind daher z. B. Anlagen, deren Fläche über die Dachfläche bzw. die Wandfläche des Gebäudes hinausgeht. Nicht gefordert ist demgegenüber eine funktionelle Unterordnung. Die Privilegierung gilt somit, wie auch bei § 35 Abs. 1 Nr. 5 und 6, unabhängig davon, ob die erzeugte Energie selbst verbraucht oder vollständig oder überwiegend in ein öffentliches Netz eingespeist wird.

g. Sonderregelung zur sparsamen und effizienten Nutzung von Energie (§ 248 BauGB)

§ 248 BauGB erleichtert die Änderung bestehender Gebäude durch Baumaßnahmen, die der Energieeinsparung und/oder der Nutzung der Solarenergie dienen, indem geringfügige Überschreitungen des Maßes der baulichen Nutzung, der Bauweise und der überbaubaren Grundstücksfläche zulässig sind. Die Regelung gilt nicht bei der Errichtung von Gebäuden; in diesem Fall sind die zum Zeitpunkt der Errichtung des Gebäudes geltenden Regelungen zu beachten. Begünstigt sind Maßnahmen zum Zweck der Energieeinsparung (z. B. Wärmedämmmaßnahmen) und die Anbringung von Anlagen zur Nutzung solarer Strahlungsenergie. Mit der vorgeschlagenen Regelung sollen geringfügige Überschreitungen, die zur Erfüllung einer Pflicht nach § 9 Abs. 1 Satz 1 der

Energieeinsparverordnung oder einer Pflicht im Sinne des § 3 Abs. 2 bis 4 des Erneuerbare Energien-Wärme-Gesetzes vorgenommen werden, generell zulässig sein. Dies dient der Einheit und Widerspruchsfreiheit der Rechtsordnung. Der Erfüllung der genannten Vorgaben dienen auch solche Maßnahmen, die über die rechtlichen Mindestanforderungen hinausgehen; auch solche überobligatorische Maßnahmen dürfen indes nur zu geringfügigen Abweichungen führen. Durch die Beschränkung auf geringfügige Abweichungen werden städtebaulich unerwünschte Entwicklungen vermieden. Die Vereinbarkeit mit nachbarlichen und baukulturellen Belangen soll ausdrücklich hervorgehoben werden; sie dürfte durch das Merkmal der Geringfügigkeit im Regelfall erfüllt sein. Im Übrigen bleiben nachbarschützende Vorschriften unberührt.

Die Gebäude müssen im Gebiet eines Bebauungsplans oder einer so genannten Entwicklungs- oder Ergänzungssatzung (§ 34 Abs. 4 Satz 1 Nummer 2 oder 3 BauGB) liegen. Handelt es sich um das Gebiet eines einfachen Bebauungsplans oder einer Satzung (nach § 34 Abs. 4 Satz 1 Nummer 2 oder 3 BauGB), sind die Sätze 1 und 2 nur insoweit unmittelbar anwendbar, als der Bebauungsplan oder die Satzung Festsetzungen zum Maß der baulichen Nutzung, zur Bauweise oder zu überbaubaren Grundstücksflächen enthält. Hinsichtlich der nicht geregelten Merkmale ist das Erfordernis des Einfügens in die Eigenart der näheren Umgebung zu beachten; ggf. gelten in diesem Fall die Regelungen des Satzes 3 entsprechend. Liegt der Geltungsbereich des einfachen Bebauungsplans im Außenbereich, sind hinsichtlich der nicht festgesetzten Merkmale die allgemeinen Regelungen zum Bauen im Außenbereich anwendbar.

h. Sonderregelungen zur Windenergie in der Bauleitplanung (§ 249 BauGB)

Für die Berücksichtigung der Windenergie, insbesondere für das Repowering, wurde in § 249 eine neue Sonderregelung geschaffen. Unter Repowering von Windenergieanlagen ist die Ersetzung älterer, oft vereinzelt stehender Windenergieanlagen durch moderne, leistungsfähigere Windenergieanlagen, vorzugsweise in Windparks („Aufräumen der Landschaft"), zu verstehen.

Hierzu ist oftmals eine Änderung oder Ergänzung der Bauleitpläne erforderlich. In der Praxis besteht Unsicherheit darüber, ob und inwieweit es möglich ist, die bisherigen Ausweisungen für Windenergie für die Zwecke des Repowering rechtssicher zu ändern oder zu ergänzen, auch ohne die bisherigen Ausweisungen infrage zu stellen. Mit § 249 Abs. 1 BauGB wird daher für den Fall, dass in einem Flächennutzungsplan zusätzliche planungsrechtliche Grundlagen für die Windenergie geschaffen werden, vorgesehen, dass daraus nicht folgt, dass die vorhandenen oder die zusätzlichen Darstellungen, insbesondere im Hinblick auf den Flächenbedarf und das Maß der baulichen Nutzung, zur Erzielung der Rechtswirkungen des § 35 Abs. 3 Satz 3 BauGB („der Windenergie wird nicht substanziell Raum geschaffen“) nicht ausreichend sind. Entsprechendes soll nach Satz 2 gelten, wenn Darstellungen zum Maß der baulichen Nutzung, etwa zur Höhe von Windenergieanlagen, geändert oder aufgehoben werden. Für Bebauungspläne, die aus dem Flächennutzungsplan entwickelt worden sind, soll nach Satz 3 Entsprechendes gelten.

In § 249 Abs. 2 BauGB wird ausdrücklich geregelt, dass bei Anwendung des § 9 Abs. 2 BauGB auch festgesetzt werden kann, dass die im Bebauungsplan festgesetzten Windenergieanlagen nur zulässig sind, wenn sichergestellt ist, dass andere im Bebauungsplan festgesetzte Windenergieanlagen bei der Errichtung der im Bebauungsplan festgesetzten Windenergieanlagen stillgelegt und zurückgebaut werden. Satz 2 stellt dabei klar, dass die Standorte der stillzulegenden und zurückzubauenden Windenenergieanlagen auch außerhalb des Bebauungsplangebiets und außerhalb des Gemeindegebiets liegen können. Des Weiteren wird mit Satz 3 die Möglichkeit geschaffen, dass auch Darstellungen im Flächennutzungsplan, die die Rechtswirkungen des § 35 Abs. 3 Satz 3 haben, mit einer Bestimmung verbunden werden können, nach der die Zulässigkeit von Windenergieanlagen in den ausgewiesenen Standorten nur gegeben ist, wenn der Rückbau anderer Windenergieanlagen sichergestellt ist.

i. Besonderes Städtebaurecht

Mit den Änderungen im Besonderen Städtebaurecht soll verdeutlicht werden, dass Klimaschutz und Klimaanpassung auch im Rahmen der städtebaulichen Sanierung und des Stadtumbaus Berücksichtigung finden müssen. Die bereits praktizierten kommunalen Aktivitäten einer „klimagerechten Stadterneuerung“ finden damit auch im Gesetzeswortlaut ihre Stütze. Ob und wie die Gemeinden hiervon Gebrauch machen, insbesondere auch, ob sie in bestehenden Sanierungs- oder Stadtumbaugebieten entsprechend initiativ werden, liegt in ihrem planerischen Ermessen.

IV. Ausblick: Gesetz zur Stärkung der Innenentwicklung in den Städten und Gemeinden

Innenstädte und Ortskerne sind Schlüsselfaktoren für die Stadtentwicklung; sie sind zur Identifikation der Bürger mit ihren Städten und Gemeinden unverzichtbar. Umstrukturierungsprozesse können jedoch die Zentren in zunehmendem Maße gefährden. Es ist daher ein Ziel der Städtebaupolitik des Bundes, die Innenentwicklung zu stärken. Dabei geht es zum einen darum, die Neuinanspruchnahme von Flächen auf der „Grünen Wiese" weitestgehend zu vermeiden. Die Innenentwicklung hat aber ebenso eine qualitative Dimension. Denn es geht auch um die Wahrung und Stärkung der Urbanität und der Attraktivität von Städten und Gemeinden, auch in baukultureller Hinsicht. Mit dem Gesetz zur Erleichterung von Planungsvorhaben für die Innenentwicklung der Städte vom 21. Dezember 2006 (BGBl. I S. 3316) sind bereits wirksame Instrumente für die Stärkung der Innenentwicklung eingeführt worden. Mit dieser Novelle sollen daher fortführende und weitere wesentliche Regelungen für die Innenentwicklung getroffen werden.

Derzeit sind u. a. folgende Regelungen geplant:

- die Darstellung der Ausstattung des Gemeindegebiets mit zentralen Versorgungsbereichen im Flächennutzungsplan,
- eine klarstellende Regelung zur Steuerung der Ansiedlung von Vergnügungsstätten,
- ein Verzicht auf die Planakzessorietät beim Rückbaugebot in Bezug auf so genannte Schrottimmobilien,
- eine Erweiterung des gesetzlichen Vorkaufrechts,
- Erleichterungen bei der artenschutzrechtlichen Prüfung für Bebauungspläne in Innenbereichsgebieten entsprechend den Ergebnissen der Berliner Gespräche,
- eine Flexibilisierung beim Maß der baulichen Nutzung,
- eine allgemeine Zulässigkeit von Kindertagesstätten in reinen Wohngebieten, soweit deren Größenordnung der Gebietsversorgung angemessen ist,
- eine bundeseinheitliche Definition des Vollgeschossbegriffs.

Private Initiativen zur Stadtentwicklung

*Dr. Alexander Schink**

I. Ziele und Gründe für private Initiativen in der Stadtentwicklung

Viele Innenstädte sind durch die Entwicklung von Shopping Malls und Factory-Outlet-Centern auf der grünen Wiese unter Druck geraten. Es besteht vor allem die Gefahr, dass der mittelständige Einzelhandel auf der Strecke bleibt und die Innenstädte vieler Gemeinden zunehmend veröden. Darunter leidet nicht nur

* Staatssekretär a. D., Rechtsanwälte Redeker Sellner Dahs, Bonn/Neuss.

die Attraktivität des Standortes, auch die zukünftige Entwicklung der Innenstädte wird hierdurch massiv beeinträchtigt, denn bei einer solchen Entwicklung fehlen Anreize für Einzelhändler und andere Gewerbetreibende, sich in den Innenstädten niederzulassen und dort attraktive Angebote zu schaffen. Im Unterschied zu Shopping Malls, die regelmäßig in privater Initiative entstehen, fortentwickelt und optimiert werden, fehlen solche Initiativen und Initialzündungen häufig in Innenstadtbereichen. Der einzelne Gewerbetreibende tritt hier quasi als Einzelkämpfer auf; verbindende Strukturen, die ein gemeinsames Vorgehen aller zur Sicherung und Entwicklung des Standortes anstoßen oder zumindest unterstützen könnten, fehlen zumeist. Angesichts der kommunalen Finanzmisere fehlt es häufig auch an öffentlichen Mitteln, eine Entwicklung zu unterstützen.

Um private Initiativen zu stimulieren und ihnen die Möglichkeit zu geben, selbst die städtebauliche Entwicklung in Innenstädten und Stadtteilzentren voranzubringen, hat der Gesetzgeber durch Schaffung des § 171 f BauGB im Rahmen des Gesetzes zur Erleichterung von Planungsvorhaben für die Innenentwicklung der Städte vom 21.12.2006[1] eine Regelung zur Fruchtbarmachung privater Initiativen zur Stadtentwicklung in das BauGB eingeführt. Vorbild sind dabei die Business-Improvement-Districts, die ausgehend von Kanada heute in den USA weit verbreitet sind und deren Ziel es ist, auf der Grundlage eines privaten Entwicklungs-, Maßnahmen- und Finanzierungskonzepts innerstädtische Bereiche zu entwickeln und hierfür von allen Grundstückseigentümern, die einen Vorteil von der Maßnahme haben, eine Abgabe zu erheben.[2]

Ausgehend von freiwilligen Zusammenschlüssen in Nordrhein-Westfalen, die dort aufgrund einer öffentlichen Förderung mit dem Ziel vor allem einer Innenstadtentwicklung entstanden sind[3] und – vor allem – dem so genannten

1 BGB I I S. 3316 zur Entstehungsgeschichte: Roeser, in: Berliner Kommentar zum BauGB, Stand: 2011,§ 171 f. Rn. 1; Schmidt-Eichstaedt, in: Brügelmann u. a., Kohlhammer Kommentar zum BauGB, Stand: 2011, § 171 f Rn. 1. Vgl. auch Kersten, in: Spannowsky/Uechtritz, BauGB, 2009, § 171 f Rn. 9 ff.

2 Zu Business-Improvment-Districts: Kersten, in: Spannowsky/Uechtritz, BauGB (Fn. 1), § 171 f Rn. 5; ders., Business-Improvement-Districts in der Bundesrepublik Deutschland – Urban Governments zwischen privater Initiative und staatlichem Zwang, UPR 2007, 121; Mario Martini, Der öffentliche Raum zwischen staatlicher Aufgabenwahrnehmung und privater Initiative: Housing and Business-Improvement-Districts als Instrumente privater Selbstorganisation unter staatlicher Verantwortung, DÖV 2008, 10 (11 f.); Hendrik Lackner, Business Improvment Districts (BIDs) – Einführung in die Grundlagen eines neuen städtebaulichen Instruments, UPR 2009, 321 (322).

3 Dazu: Schmidt-Eichstaedt, in: Kohlhammer Kommentar zum BauGB (Fn. 1), § 171 f. Rn. 20 f.; Jens Wahlhäuser, Festlegung von Business-Improvement-Districts (BIDs) nach dem Gesetz über Immobilien- und Standortgemeinschaften (ISGG-NRW), BauR 2008, 1238.

Hamburger Modell[4] hat der Gesetzgeber in § 171 f BauGB eine Basisregelung für solche private Initiativen zur Stadtentwicklung geschaffen, deren Ziel es ist, kompetenzielle Hemmnisse für eigenständige Landesgesetze zu beseitigen und zugleich in der Art eines „Rahmengesetzes"[5] wesentliche Strukturen für die Landesgesetzgebung festzulegen. Nach dieser Norm können nach Maßgabe des Landesrechts, unbeschadet sonstiger Maßnahmen nach dem BauGB Gebiete festgelegt werden, in denen in privater Verantwortung standortbezogene Maßnahmen durchgeführt werden. Erforderlich ist, dass dies auf der Grundlage eines mit den städtebaulichen Zielen der Gemeinde abgestimmten Konzepts zur Stärkung und Entwicklung von Bereichen der Innenstädte, Stadtteilzentren, Wohnquartieren und Gewerbezentren sowie von sonstigen für die städtebauliche Entwicklung bedeutsamen Bereichen geschieht. Zur Finanzierung können nach § 171 f Satz 3 BauGB nach Maßgabe des Landesrechts Regelungen getroffen werden, die den mit der privaten Initiative verbundenen Aufwand gerecht verteilen. Zusammenfassend lässt sich ein BID damit kennzeichnen als „eine privat initiierte Maßnahme urbaner Quartiersaufwertung in einem homogenen, räumlich klar abgegrenzten Gebiet, zu deren Finanzierung sämtliche Grundstückseigentümer und/oder Gewerbetreibende im Wege einer hoheitlich auferlegten Zwangsabgabe herangezogen werden".[6]

Das Modell der BID ist inzwischen vor allem in Ballungszentren relativ erfolgversprechend umgesetzt worden. So sind alleine in Hamburg inzwischen neun Innovationsbereiche eingerichtet worden.[7] Freilich sind dabei insbesondere beim Verfahren der Einrichtung, vor allem aber auch bei der Erhebung von Beiträgen für die Umsetzung der BID von den Grundstückseigentümern durchaus juristische Probleme aufgetreten,[8] die zwar das Instrument selbst nicht infrage stellen, die jedoch Anlass für eine Nachschärfung insbesondere des einschlägigen Landesrechts geben.[9]

---

4 Dazu: Kersten, UPR 2007 (Fn. 2), 122 ff.; ders., in: Spannowsky/Uechtritz, BauGB (Fn. 1), § 171 f. Rn. 22, 37 ff., 44 ff.; Lackner, UPR 2009 (Fn. 2), 323 f.; ders., Mollklänge dämpfen die BID-Euphorie – Eine kritische Zwischenbilanz unter Berücksichtigung aktueller verwaltungsgerichtlicher Rechtsprechung, DVBl. 2011, 1520 ff.

5 Roeser, in: Berliner Kommentar zum BauGB (Fn. 1), § 171 f Rn. 2.

6 So Lackner, DVBl. 2011 (Fn. 4), 1520. Vgl. auch dens., UPR 2009 (Fn. 2), 322.

7 Dazu Lackner, DVBl. 2011 (Fn. 4), 1521. Vgl. auch die Projektübersicht des DIHK, im Internet unter www.dihk.de/themenfelder/wirtschaftspolitik/raumordnung-stadtentwicklung/bids/bid-aktivitaeten-und-projekte.

8 Dazu OVG Hamburg, ZfBR 2011, 53 ff.; VG Hamburg, NordÖR 2009, 218; Lackner, DVBl. 2011 (Fn. 4), 1522 ff.

9 Dazu für Hamburg: Lackner, a.a.O. (Fn. 7).

Im Folgenden soll zunächst der nach § 171 f BauGB bestehende gesetzgeberische Rahmen für die Länder näher erläutert (II.) und sodann auf die Umsetzung durch das Landesrecht eingegangen werden (III.).

II. Der Rahmen für die Landesgesetzgebung

1. Regelungszweck des § 171 f BauGB

Über die Frage, ob die Länder ohne bundesrechtliche Absicherung berechtigt sind, eigenständige Regelungen über private Initiativen zur Stadtentwicklung und deren Finanzierung zu treffen, können Zweifel bestehen. Eine gesetzliche Regelung zur Erhebung von Abgaben zur Stärkung und Entwicklung von städtischen Quartieren kann dem Bodenrecht im Sinne des Art. 74 Nr. 18 GG zugerechnet werden, das vom Bundesgesetzgeber im Rahmen seiner konkurrierenden Zuständigkeit abschließend geregelt worden ist. Dafür spricht insbesondere, dass der Bund die Erhebung von Ausgleichsbeträgen in Sanierungs- und Entwicklungsgebieten im BauGB (§§ 152 ff.) geregelt hat und dass BID-Bestimmungen des Landesrechts nicht zum Erschließungsbeitragsrecht gehören, für das die Länder nach Art. 74 Nr. 18 GG eine Gesetzgebungskompetenz haben.[10] An der Berechtigung der Länder zur Schaffung eigenständiger BID-Regelungen konnten deshalb ohne eine bundesrechtliche Absicherung erhebliche Bedenken bestehen. Diese Bedenken auszuräumen und die landesrechtlichen Bestimmungen kompetenzrechtlich zu flankieren, ist ein Regelungszweck des § 171 f BauGB.[11]

§ 171 f BauGB stellt freilich keine Vollregelung für private Initiativen zur Stadtentwicklung dar. Vielmehr sind die Länder ermächtigt, den durch § 171 f BauGB vorgegebenen Rahmen durch eigene Gesetzgebungstätigkeit auszufüllen. Roeser[12] weist mit Recht darauf hin, dass § 171 f BauGB deshalb die Funktion einer „Rahmengesetzgebung" wahrnimmt. Zum einen legt die Vorschrift nicht fest, welche Ziele und Aufgaben private Initiativen zur Stadtentwicklung im Einzelnen verfolgen können oder müssen. Zum anderen stellt sie keine Anforderungen an Maßnahmenträger, das Verfahren zur Festlegung der Gebiete oder der

10 Zum Vorstehenden Schmidt-Eichsteadt, in: Kohlhammer Kommentar zum BauGB (Fn. 1), § 171 f Rn. 2.

11 Vgl. BT-Ausschuss-Drs. 16/3308 vom 8.11.2006, S. 23; Kersten, in: Spannowsky/Uechtritz, BauGB (Fn. 1), § 171 f Rn. 23; Michael Krautzberger/Bernhard Stüer, BauGB 2007: Stärkung der Innenentwicklung, DVBl 2007, 160 (166); Roeser, in: Berliner Kommentar zum BauGB (Fn. 1), § 171 f Rn. 2; Schmidt-Eichstaedt, in: Kohlhammer Kommentar zum BauGB (Fn. 1), § 171 f Rn. 2.

12 Roeser, in: Berliner Kommentar zum BauGB (Fn. 1), § 171 f Rn. 2.

Zustimmung der Beteiligten, die Dauer der Gebietsfestlegung, ihre Umsetzung sowie die Kontrolle der Aufgabenerfüllung.[13] Alle diese Fragen sind der näheren Ausfüllung durch Landesrecht zugänglich.

Allerdings begrenzt § 171 f BauGB auch die Landesgesetzgebung. Darin liegt sein zweiter Regelungszweck.[14] Die nähere Ausgestaltung privater Initiativen zur Stadtentwicklung hat der Bundesgesetzgeber zwar den Ländern überlassen. Durch begriffliche Klärungen und nähere – wenn auch rudimentäre – Konturierung der privaten Initiative zur Stadtentwicklung als städtebauliches Steuerungsinstrument[15] setzt der Bundesgesetzgeber jedoch für die Länder einen Rahmen, innerhalb dessen diese berechtigt sind, private Initiativen zur Stadtentwicklung durch landesrechtliche Bestimmungen näher auszugestalten. Das gilt insbesondere für die Frage, in welchen Bereichen private Initiativen mit welcher Zielsetzung zulässig sein sollen: Es muss sich nach § 171 f Satz 1 BauGB um standortbezogene Maßnahmen in privater Verantwortung handeln. Diese bedürfen eines mit den städtebaulichen Zielen der Gemeinde abgestimmten Konzepts. Ihr Ziel muss die Entwicklung von Bereichen der Innenstädte, von Stadtteilzentren, Wohnquartieren und Gewerbezentren sowie von sonstigen für die städtebauliche Entwicklung bedeutsamen Bereichen sein. Landesrechtliche Finanzierungsregelungen müssen nach Satz 2 des § 171 f BauGB der Maßnahmenfinanzierung und der gerechten Verteilung des hiermit verbundenen Aufwandes dienen.

Dritter Regelungszweck des § 171 f BauGB ist die Abgrenzung privater Initiativen von anderen städtebaulichen Instrumenten.[16] Nach § 171 f Satz 1 BauGB sind private Maßnahmen zur Stadtentwicklung „unbeschadet" sonstiger Maßnahmen nach dem BauGB zulässig. Klargestellt wird damit, dass private Initiativen gleich welcher Art keinen Ersatz darstellen können für das bauplanungsrechtliche Instrumentarium des BauGB.[17] Zugleich wird hiermit zum Ausdruck gebracht, dass die Länder ungeachtet der Regelungen des besonderen Städtebaurechts (§§ 136 ff., §§ 165 ff. BauGB) nicht gehindert sind, private Initiativen zur Stadtentwicklung zu regeln.[18]

13 Dazu Roeser, a.a.O.

14 Kersten, in: Spannowsky/Uechtritz, BauGB (Fn. 1), § 171 f Rn. 24; Roeser, in: Berliner Kommentar zum BauGB (Fn. 1), § 171 f Rn.

15 Dazu Kersten, UPR 2007 (Fn. 2), 122.

16 Dazu: Kersten, UPR 2007 (Fn. 2), 122; ders., in: Spannowsky/Uechtritz, BauGB (Fn. 1), § 171 f Rn. 25; Roeser, in: Berliner Kommentar zum BauGB (Fn. 1), § 171 f Rn. 4.

17 Roeser, a.a.O.

18 Kersten, in: Spannowsky/Uechtritz, BauGB (Fn. 1),, § 171 f Rn. 25.

Daraus folgt im Einzelnen Folgendes:

Liegen die Voraussetzungen für die Festlegung eines städtebaulichen Sanierungsgebietes oder einer Entwicklungsmaßnahme vor, ist die Gemeinde aus ihrer städtebaulichen Verantwortung durch die Möglichkeit privater Initiativen nach § 171 f BauGB nicht entlassen. Insbesondere ist sie nicht von der Prüfung befreit, ob sie von den Regelungen des Sanierungs- bzw. Entwicklungsrechts Gebrauch machen möchte. Dasselbe gilt für Maßnahmen des Stadtumbaus nach § 171 a BauGB bzw. der sozialen Stadt nach § 171 e BauGB.[19] Aus ihrer städtebaulichen Verantwortung wird die Gemeinde durch die Möglichkeit privater Initiativen zur Stadtentwicklung nicht entlassen.[20] Diese können bei Feststellung städtebaulicher Missstände oder eines öffentlichen Interesses an einer Stadtentwicklung oder von sozialen Verwerfungen in bestimmten Stadtquartieren lediglich eine sinnvolle Ergänzung sein. Darüber hinaus folgt aus § 171 f BauGB auch, dass andere Maßnahmen nach dem BauGB durch die Möglichkeit des Einsatzes privater Initiativen nicht obsolet werden. Insbesondere soll die städtebauliche Entwicklung und Lenkung auch weiterhin über die Bauleitplanung erfolgen. Auch diese soll und kann durch private Initiativen nach § 171 f BauGB nicht ersetzt werden.[21] Die städtebauliche Entwicklung und Lenkung der Gemeinde ist ungeachtet der Bestimmung des § 171 f BauGB nach wie vor ureigenste Aufgabe der Gemeinde und soll durch diese Norm nicht Privaten übertragen werden. Ist eine Bauleitplanung erforderlich, so kann sich eine private Initiative innerhalb der durch die Bauleitplanung festgelegten Zielsetzungen bewegen, sie soll diese jedoch nicht ersetzen. Als ergänzendes Instrument neben den städtebaulichen Instrumenten des besonderen Städtebaurechts und der Bauleitplanung können private Initiativen allerdings durchaus sinnvoll sein, schon um der Entstehung städtebaulicher Missstände vorzubeugen und ergänzende Entwicklungen anzustoßen und zu ergänzen.

Dabei lässt § 171 f BauGB durchaus kommunale Initiativen mit dem Ziel der Stimulierung Privater zur Gründung eines BID zu. Lackner[22] weist allerdings mit Recht auf das dabei zu beachtende Neutralitätsgebot der Verwaltung hin. Sie darf zwar Initiator, auch Motor der BIs sein. Insbesondere den Verfahrensgang der Gründung von BID darf sie jedoch nicht einseitig, etwa mit dem Ziel beein-

19 Roeser, in: Berliner Kommentar zum BauGB (Fn. 1), § 171 f Rn. 4.

20 Roeser, ebd.

21 Roeser, in: Berliner Kommentar zum BauGB (Fn. 1), § 171 f Rn. 4.

22 DVBl. 2011 (Fn. 4), 1522

flussen, die notwendigen Zustimmungsquoren der Grundstückseigentümer zu erhalten.[23]

2. Gebietskulissen privater Initiativen

§ 171 f BauGB beschränkt private Maßnahmen nicht ausschließlich auf vornehmlich gewerblich genutzte Innenstadtlagen, sondern enthält eine weite Regelung über die mögliche Gebietskulisse solcher Aktivitäten. Hierzu gehören

- Innenstädte,
- Stadtteilzentren,
- Wohnquartiere,
- Gewerbezentren und
- sonstige für die städtebauliche Entwicklung bedeutsame Bereiche.

a. Innenstädte und Stadtteilzentren

Mit der Erwähnung von Innenstädten und Stadtteilzentren folgt § 171 f BauGB der erwähnten Entwicklung von Business-Improvement-Districts (BIDs) in Kanada und den USA. Erfasst werden sollen hierdurch vor allem innerstädtische oder in Stadtteilzentren angesiedelte Einkaufsbereiche, deren Attraktivität gefährdet oder beeinträchtigt ist.

Wegen der Verwendung der Begriffe „Innenstädte" und „Stadtteilzentren" muss es sich nicht um Kernstadtbereiche handeln; erfasst werden beispielsweise auch Stadtteilzentren von Großstädten.[24] Rein praktisch kann es dabei um die Herstellung von Gemeinschaftseinrichtungen, wie gemeinsame Stellplatzangebote, Kinderspielmöglichkeiten oder die Verbesserung der Sicherheit und Sauberkeit gehen.[25] Vor allem aber soll Ziel sein, Wettbewerbsnachteile gegenüber Einkaufszentren auf der grünen Wiese mit einheitlicher Träger-

23 Dazu Lackner, a.a.O. (Fn. 22).

24 Schmidt-Eichstaedt, in: Kohlhammer Kommentar zum BauGB (Fn. 1), § 171 f Rn. 7.

25 Beispiele bei Schmidt-Eichstaedt, a.a.O., vgl. dazu auch der neue Wall: Praxisbeispiel eines BDIs, im Internet unter www.strassen-von-hamburg.de, dessen Ziel es ist, das Erscheinungsbild des neuen Walls mit hochwertigen Einzelhandelsgebot zu verbessern, großzügigen und barrierefreien flanierend Parkgelegenheiten zu schaffen, Sicherheit und Sauberkeit zu verbessern, eine einheitliche Beschilderung zu schaffen, für die Vermarktung ein einheitliches und wirksames Marketingkonzept zu entwickeln und insgesamt die Aufenthaltsqualität um das Wohlbefinden der Besucher zu steigern.

schaft und Management zu kompensieren.[26] Letztlich kann somit ein „virtuelles Einkaufszentrum"[27] begründet werden, das sich um alle Belange der Verbesserung der städtebaulichen Qualität, Sicherheit und Attraktivität eines Innenstadtbereichs kümmert.

b. Wohnquartiere

Nach dem Vorbild so genannter Housing Improvement Districts (HIDs) ermöglicht § 171 f BauGB auch landesrechtliche Regelungen für private Initiativen für Wohnquartiere. Die Regelung zielt insoweit insbesondere auf reine oder allgemeine Wohngebiete im Sinne der §§ 3, 4 BauNVO ab.[28] Ziel soll vor allem auch eine Aufwertung von Wohngebieten sein, indem deren Ausstattung, z. B. durch Schaffung von Spielplätzen, Parkmöglichkeiten oder Erholungseinrichtungen, gesteigert wird, Graffiti beseitigt, Fassaden renoviert oder Sicherheitskonzepte aufgestellt und umgesetzt werden.[29] § 171 f BauGB ermöglicht so „freiwillig konstituierte Sanierungsgebiete" oder Stadtumbaugebiete mit dazugehöriger Beitragserhebung.[30] Allerdings sind kommunale Hoheitsrechte und hier insbesondere ordnungsbehördliche Befugnisse nicht übertragbar, da § 171 f BauGB insoweit dem Vorrang und Vorbehalt des Gesetzes nicht genügt.[31] Das gilt auch für die Finanzierung.

c. Gewerbezentren

Auch Gewerbe- und Industriegebiete im Sinne der §§ 8, 9 BauNVO können Gegenstand privater Initiativen sein. Auf ihre Lage kommt es dabei nicht an. Ziel kann es insoweit beispielsweise sein, die Attraktivität von Gewerbegebieten durch Bepflanzungen, Fassadengestaltung oder ein gemeinsames Parkplatzmanagement zu stärken.

---

26 Schmidt-Eichsteadt, a.a.O.

27 Schmidt-Eichsteadt, ebd., Rn. 8.

28 Roeser, in: Berliner Kommentar zum BauGB (Fn. 1), § 171 f Rn. 5.

29 Weitere Beispiele bei Schmidt-Eichstaedt, Kohlhammer Kommentar zum BauGB (Fn. 1), § 171 f Rn. 9. Vgl. auch Business-Improvment-District Hamburg „Quartier Sachsentor", im Internet unter www.werkstatt-stadt.de/de/projekte/173, wo Ziel die Graffitientfernung und das Leerstandmanagement, die Schaffung einer neuen Pflasterung, Beleuchtung, von Skulpturen und Wasserspielen war.

30 Schmidt-Eichsteadt, in: Kohlhammer Kommentar zum BauGB (Fn. 1), § 171 f Rn. 9.

31 Schmidt-Eichsteadt, a.a.O.

d. Sonstige für die städtebauliche Entwicklung bedeutsame Bereiche

§ 171 f BauGB erstreckt die Möglichkeit privater Initiativen auch auf sonstige für die städtebauliche Entwicklung bedeutsame Bereiche. Dazu können Erholungsgebiete, Kurgebiete, Hafengebiete, Klinikgebiete oder Sondergebiete gehören.[32] Nach diesem Auffangtatbestand können private Initiativen überall in einer Gemeinde, wo hierfür ein Bedarf gesehen wird, eingesetzt werden. Die „Rettung" eines Einkaufszentrums auf der Grünen Wiese kann genauso dazugehören wie die Optimierung eines Wohngebietes oder die Attraktivitätssteigerung von Kerngebieten der Städte.[33]

e. Abgrenzung der Gebiete

Vorgaben für die Abgrenzung von BID-Gebieten enthält § 171 f BauGB nicht. Auch das Landesrecht gibt hierzu keine näheren Vorgaben. Maßgebende Bedeutung kommt hierfür der jeweiligen Aufgabenstellung des Innovationsbereichs zu. Grundsätzlich ist maßgebend für die Gebietsabgrenzung deshalb, welche Grundstücke vom BID nach dem im Einzelfall verfolgten Zweck hiervon einen Vorteil haben können.[34] Ob deshalb Grundstücke, die vom BID offensichtlich in keiner Weise profitieren, nicht in einen Innovationsbereich einbezogen werden dürfen,[35] ist vor allem deshalb zweifelhaft, weil dies zur Folge hätte, dass Innovationsbereiche nur in Gebieten mit völlig homogener Nutzungsstruktur etabliert werden könnten. Das ist vom Gesetzgeber aber offensichtlich nicht gewollt. Einem unterschiedlichen Grad des Vorteils kann (und muss) im Übrigen bei der Abgabenerhebung durch differenzierte Verteilungsmaßstäbe bzw. Beitragsbefreiung für vorteilslose Grundstücke Rechnung getragen werden.

3. Abstimmung des privaten Entwicklungskonzepts mit den städtebaulichen Zielen der Gemeinde

Private Initiativen zur Stadtentwicklung können und sollen die städtebaulichen Ziele der Gemeinde nicht bestimmen oder ersetzen. Vielmehr müssen sie sich, wie aus § 171 f Satz 1 BauGB folgt, in die gemeindlichen städtebaulichen Ent-

32 Beispiele nach Schmidt-Eichstaedt, in: Kohlhammer Kommentar zum BauGB (Fn. 1), § 171 f Rn. 11.

33 Schmidt-Eichstaedt, a.a.O.

34 Lackner, DVBl. 2011 (Fn. 4), 1524, unter Hinweis auf OVG Hamburg, ZfBR 2011, 53 (59).

35 So Lackner, a.a.O. unter Hinweis auf VG Hamburg, Urteil vom 13.1.2011 – 2 V 185/10, juris, Rn. 40.

wicklungsvorstellungen einfügen. Sie müssen mit den städtebaulichen Zielen der Gemeinde abgestimmt sein. § 171 f BauGB soll gewährleisten, dass der städtebauliche Gestaltungsspielraum der Gemeinden ungeachtet der privaten Initiativen ungeschmälert erhalten bleibt. Private sollen nicht nach eigenem Belieben städtebauliche Ziele definieren können.[36]

In der Praxis wird freilich häufig das Konzept des privaten Aufgabenträgers eigenständige städtebauliche Zielsetzungen enthalten, die über die gemeindlichen Vorstellungen hinausgehen und diese – im Idealfall – ergänzen. Aufgabe der Gemeinde ist es, vor allem die gesamtgemeindliche Entwicklung im Blick zu behalten und Sorge dafür zu tragen, dass die vom Gemeinderat z. B. im Flächennutzungsplan, in Bebauungsplänen oder städtebaulichen Entwicklungskonzepten beschlossenen Zielsetzungen durch das private Konzept lediglich ergänzt und ausgefüllt, nicht aber konterkariert oder in ihr Gegenteil verkehrt werden. Aus dem Wort „Abstimmung", das § 171 f BauGB für die Koordination der Entwicklungsvorstellungen der Gemeinde und der Privaten verwendet, ergibt sich dabei allerdings, dass eigenständige Vorstellungen Privater durchaus gewünscht und zulässig sind. Sie müssen sich lediglich in das städtebauliche Gesamtkonzept der Gemeinde einfügen. So gesehen stellt § 171 f BauGB eine neue Entwicklungslinie im Städtebaurecht dar, indem hier eine Primärverantwortung des privaten Sektors nicht nur für die Durchführung von Maßnahmen, wie beim Stadtumbau und der sozialen Stadt, sondern auch für bestimmte Bereiche der Stadtentwicklung begründet wird.[37]

Umgekehrt ist es mit dem Gebot der Abstimmung durchaus vereinbar, wenn die Gemeinde auf Schaffung eines Innovationsbereichs und dessen inhaltliche Ausrichtung Einfluss nimmt. Einer Verschränkung kommunaler und privater Initiativen steht § 171 f BauGB so lange nicht entgegen, wie die Kommune hierbei ihre Neutralitätspflicht wahrt und insbesondere die Beteiligung der Eigentümer der im Gebiet gelegenen Grundstücke nicht einseitig zugunsten der Erreichung des erforderlichen Zustimmungsquorums zu beeinflussen sucht.[38]

Bei der Abstimmung des in privater Initiative aufgestellten Konzepts mit den städtebaulichen Zielen der Gemeinde sind die Anforderungen des Abwägungsgebotes einzuhalten. Die Belange der Betroffenen sind ebenso wie die öffentlichen Belange in diesem Rahmen zu berücksichtigen, und auch soweit

36 Roeser, in: Berliner Kommentar zum BauGB (Fn. 1), § 171 f Rn. 7.

37 Dazu: Krautzberger/Stüer, DVBl 2007 (Fn. 11), 166; Roeser, in: Berliner Kommentar zum BauGB (Fn. 1), § 171 f Rn. 3. Vgl. auch Lackner, UPR 2009 (Fn. 2), 327.

38 Dazu Lackner, DVBl. 2011 (Fn. 4), 1522.

diese zwar außerhalb des Gebietes zu verorten sind, die private Entwicklung im Gebiet sich auf diese jedoch auswirken kann oder umgekehrt eine Einwirkung dieser Belange in das betroffene Gebiet möglich ist.[39]

Der Bundesgesetzgeber hat keine Regelung dazu getroffen, in welcher Form und in welchem Verfahren die Abstimmung mit der Gemeinde zu erfolgen hat. Insbesondere fehlt es an einer Bestimmung dazu, ob das private Konzept von der Gemeindevertretung förmlich beschlossen werden muss, wie dies etwa beim städtebaulichen Entwicklungskonzept für den Stadtumbau nach § 171 b Abs. 2 BauGB der Fall ist. Die Regelung dieser Frage ist dem Landesrecht überantwortet. Freilich spricht alles dafür, dass auch auf der Grundlage des § 171 f Satz 1 BauGB eine Abstimmung durch Beschluss des Gemeinderates zu erfolgen hat. Denn zum einen geht es um eine Abstimmung mit den Grundlagen der städtebaulichen Entwicklung und damit um für die städtebauliche Konzeption und ihre Umsetzung in der Gemeinde wichtige Fragestellungen, die nach den einschlägigen gemeinderechtlichen Bestimmungen dem Gemeinderat vorbehalten sind.[40] Zum anderen sollte die Möglichkeit der Beitragserhebung auch von einer förmlichen Billigung des Grundkonzepts durch die Gemeindevertretung abhängig gemacht werden, um ihr eine öffentlich-rechtliche Legitimation zu verleihen.[41] Schließlich schafft ein Gemeinderatsbeschluss eine größere Planungs- und Rechtssicherheit darüber, in welchem Rahmen sich die privaten Maßnahmen bewegen können.[42]

In § 171 f BauGB ist auch keine Regelung dazu enthalten, welcher Form die Ablehnung eines BID bedarf. Auch hierfür empfiehlt sich regelmäßig der Beschluss des Gemeinderates. Eine Entscheidung der Verwaltung, die gegenüber der betroffenen privaten Initiative ein Verwaltungsakt darstellt, ist hierdurch indessen nicht ausgeschlossen.[43] Das Nähere regelt das Landesrecht.

Auch zu Form und Verfahren der Festlegung von Bereichen für private Initiativen enthält § 171 f BauGB keine Bestimmungen. Das gilt sowohl für eine Beteiligung Privater im Verfahren wie für die Anhörung der Träger öffentlicher Belange. Diese ist nicht zwingend vorgesehen. Regelungen erfolgen auch hier nach Maßgabe des Landesrechts.

39 Roeser, in: Berliner Kommentar zum BauGB (Fn. 1), § 171 f Rn. 8.

40 Näher dazu Burgi, Kommunalrecht, 3. Aufl. 2010, § 12 Rn. 18 ff.

41 Darauf weist hin: Schmidt-Eichstaedt, in: Kohlhammer Kommentar zum BauGB (Fn. 1), § 171 f Rn. 13.

42 Roeser, in: Berliner Kommentar zum BauGB (Fn. 1), § 171 f Rn. 9.

43 Schmidt-Eichstaedt, in: Kohlhammer Kommentar zum BauGB (Fn. 1), § 171 f Rn. 14.

4. Finanzierung der Maßnahmen

§ 171 f Satz 2 BauGB überträgt den Ländern auch die Regelung der Finanzierung privater Maßnahmen. Geschaffen wird hierin lediglich eine Grundlage, ein Rahmen für landesrechtliche Bestimmungen. Insbesondere Maßstäbe der gerechten Verteilung des Aufwandes privater Maßnahmen werden durch § 171 f Satz 2 BauGB hingegen nicht vorgegeben. Dem Erfindungsreichtum der Länder setzt diese Bestimmung keine Grenzen. Möglich sind damit z.B. Finanzierungsregelungen, die an die gezahlte Grundsteuer, die Gewerbesteuer, die Gewerbe- oder Wohnfläche, die Grundstücksgröße oder ähnliche Parameter anknüpfen. Voraussetzung ist freilich jeweils, dass über diesen Maßstab eine „gerechte Verteilung" des Aufwandes erfolgt. Das wiederum hängt entscheidend von der Frage ab, in welchem Gebiet und mit welchem Zweck eine Maßnahme durchgeführt wird. Geht es um eine Aufwertung eines Gebietes mit dem Ziel, eine Attraktivitätssteigerung des Einzelhandels zu erreichen, wird in der Regel ein Vorteil für Grundstücke, die ausschließlich zu Wohnzwecken genutzt werden, nicht oder jedenfalls in erheblich geringerem Umfang als für Grundstücke entstehen, die zu Einzelhandelszwecken genutzt werden. Dies ist bei der Verteilung des Aufwandes zu berücksichtigen.

III. Landesrechtliche Umsetzung

Zahlreiche Bundesländer haben inzwischen landesrechtliche Bestimmungen zur Umsetzung des § 171 f BauGB geschaffen. Dazu gehören Hamburg,[44] Hessen,[45] Schleswig-Holstein[46] und Bremen[47]. Diese Regelungen folgen dem so genannten Hamburger Modell. Abweichend hiervon ist in Nordrhein-Westfalen eine Regelung über Immobilien- und Standortgemeinschaften erlassen worden.[48]

44 Gesetz zur Stärkung der Einzelhandels- und Dienstleistungszentren vom 28.12.2004, HmbGVBl. 2004, S. 525.

45 Gesetz zur Stärkung von innerstädtischen Geschäftsquartieren vom 21.12.2005, GVBl. Hessen I, S. 867.

46 Gesetz über die Einrichtung von Partnerschaften zur Attraktivierung von City-, Dienstleistungs- und Tourismusbereichen vom 13.7.2006, GVBl. Schleswig-Holstein vom 27.7.2006, S. 158.

47 Gesetz zur Stärkung von Einzelhandels- und Dienstleistungszentren vom 18.7.2006, BremGBl. Nr. 41, S. 350.

48 Gesetz über Immobilien- und Standortgemeinschaften (ISGG-NRW) vom 4.6.2008, GV NRW, S. 474 ff., dazu: Wahlhäuser, BauR 2008, 1238 ff.

Im Einzelnen sind folgende Regelungen getroffen worden:[49]

1. Ziele und Aufgaben

Ziel der Schaffung von Innovationsbereichen durch private Initiativen zur Stadtentwicklung ist es nach Landesrecht, die Attraktivität eines Einzelhandels-, Dienstleistungs- oder Gewerbezentrums zu erhöhen und die Standortbedingungen für die in diesem Bereich niedergelassenen Einzelhandels- und Dienstleistungsbetriebe zu verbessern.[50] Beispielhaft werden dabei folgende Maßnahmen genannt:[51]

- Ausarbeitung von Konzepten für die Entwicklung des Zentrums,
- Erbringung von Dienstleistungen, etwa für Grundstückseigentümer und Gewerbetreibende wie Besucher und Parkplatzbetreuung, Jobtraining, Obdachlosen-, Drogen- und Jugendhilfe,
- Finanzierung und Durchführung von Baumaßnahmen,
- Grundstücksbewirtschaftung (z. B. Leerstands-, Zwischennutzungs-, Vermietungsmanagement),
- Durchführung gemeinschaftlicher Werbemaßnahmen, wie Standortmarketing oder Imagekampagnen,
- Organisation von Veranstaltungen (z. B. Weihnachtsmärkte, Events),
- Abschluss von Vereinbarungen mit öffentlichen Stellen oder ansässigen Betrieben über die Durchführung von Maßnahmen,
- Abgabe von Stellungnahmen in Anhörungsverfahren[52].

Weiter kommen in Betracht Wirtschafts- und Infrastrukturmanagement sowie Ordnungs- und Sicherheitskonzepte. Letztere dürfen allerdings hoheitliche Tätigkeiten sowie die Wahrnehmung der Aufgabe der kommunalen Daseinsvorsorge nicht mit einschließen.[53]

49 Die Darstellung folgt im Hamburger Modell, ergänzt um Sonderregelungen der Flächenländer und in NRW.

50 So: § 2 Abs. 1 BremGSED § 2 Abs. 2 HmbGSED; § 2 Abs. 1 H INGE-Gesetz; § 1 S. 1 BIDG Saar.; § 1 Abs. 1 S. 2 PACT-G SH.

51 Vgl. Kersten, in: Spannosky/Uechtritz, BauGB (Fn. 1), § 171 f Rn. 51; Lackner, UPR 2009 (Fn. 2), 323.

52 Vgl. § 2 Abs. 2 BremGSED; § 2 Abs. 2 S. 2 HmbGSED; § 2 Abs. 2 H INGE-G; § 2 Abs. 1 S. 2 SaarBIDG; Martini, DÖV 2008 (Fn. 3), 11 f.; Kersten, in: Spannowsky/Uechtritz, BauGB (Fn. 1), § 171 f Rn. 51.

53 Dazu schon oben und Kersten, UPR 2007 (Fn. 2), 124 ff.

Die Ziele der Innovationsbereiche müssen jeweils konkretisiert und in einem transparenten und hinreichend bestimmten und damit für die Eigentümer von im Innovationsbereich gelegenen Grundstücken nachvollziehbaren und überprüfbaren[54] Maßnahmen- und Finanzierungskonzept festgelegt werden. Dabei kann eine Detailregelung im Maßnahmen- und Wirtschaftsplan im Rahmen der Umsetzung erfolgen.[55] Umgesetzt wird das Maßnahmen- und Finanzierungskonzept durch einen öffentlich-rechtlichen Vertrag zwischen Aufgabenträger und Gemeinde.[56] Aufgabe der Gemeinde ist es sodann, die konkretisierten Ziele und Maßnahmen in der Rechtsverordnung (Stadtstaaten) bzw. Satzung (Flächenländer) festzulegen.[57]

2. Aufgabenträger

Aufgabenträger eines Innovationsbereichs kann in der Regel jede natürliche oder juristische Person sein; eine eigene Rechtspersönlichkeit muss er nach Landesrecht ganz überwiegend nicht haben.[58] Erfolgreich sein kann der Antrag auf Errichtung eines Innovationsbereichs nach Landesrecht nur dann, wenn ein bestimmtes Quorum an Zustimmung der Grundstückseigentümer vorhanden ist. Regelmäßig dürfen dem Antrag nicht mehr als 1/3 der Eigentümer oder Erbbauberechtigten der im Innovationsbereich gelegenen Grundstücke widersprechen;[59] in Hessen dürfen es nicht mehr als 25 % sein.[60]

Der Aufgabenträger kann die Wahrnehmung seiner Aufgaben, nicht jedoch diese selbst an Dritte übertragen. Für die Aufgaben bleibt er weiterhin gesetzlich verantwortlich.[61]

54 Dazu Lackner, DVBl. 2011 (Fn. 4), 1523.

55 § 2 Abs. 3 BremGSED; § 2 Abs. 2 S. 3 HmbGSED; § 2 Abs. 1 H INGE-Gesetz; § 2 Abs. 3 SaarBIDG.

56 § 4 Abs. 1 BremGSED; § 3 Abs. 1 HmbGSED; § 3 Abs. 1 H INGE-Gesetze; § 3 Abs. 3 S. 2, § 4 Abs. 1 SaarBIDG; § 2 Abs. 3 3. Alt. PACT-GSH.

57 § 4 Abs. 3 S. 1 BremGSED; § 3 Abs. 2 1. Alt. HmbGSED; § 3 Abs. 2 1. Alt. H INGE-Gesetz; § 3 Abs. 3 S. 2, § 4 Abs. 1 SaarBIDG; § 2 Abs. 3 3. Alt. PACT-GSH.

58 Vgl. dazu Kersten, in: Spannowsky/Uechtritz, BauGB (Fn. 1), § 171 f Rn. 58 ff.; Lackner, UPR 2009 (Fn. 2), 323 für Hamburg.

59 § 5 Abs. 1 BremGSED; § 5 Abs. 1 HmbGSED; § 5 bs. 1 H INGE-Gesetz.

60 § 5 Abs. 1 H INGE-Gesetz.

61 Kersten, in: Spannowsky/Uechtritz, BauGB (Fn. 1), § 171 f. Rn. 64.

3. Einrichtung des Innovationsbereichs

Nach Stellung des Antrages auf Einrichtung eines Innovationsbereichs durch den Aufgabenträger werden hierzu die Grundstückseigentümer im vorgesehenen Gebiet, die Öffentlichkeit und die Träger öffentlicher Belange angehört. Dazu werden die vom Aufgabenträger vorzulegenden Unterlagen für die Dauer eines Monats öffentlich ausgelegt und ein Erörterungstermin durchgeführt.[62]

Weitere Voraussetzung für die Einrichtung eines Innovationsbereichs durch Rechtsverordnung oder Satzung ist in der Regel der Abschluss eines öffentlich-rechtlichen Vertrages. Hierin sollten – ähnlich der Regelung in Bremen und dem Saarland[63] – mindestens geregelt werden:

- Aufgaben und Pflichten des Aufgabenträgers,
- Aufgaben und Pflichten der Gemeinde,
- Haftungsfragen,
- Datenschutz und Verschwiegenheitspflichten,
- Einzelheiten des Anhörungsverfahrens,
- Höhe des Gewinns des Aufgabenträgers,
- Verantwortungsbereiche für dauerhaft errichtete Gebäude nach Auflösung des Innovationsbereichs und
- Zusammenarbeit zwischen Aufgabenträger und Aufsichtsbehörde.[64]

Überwiegendes spricht dafür, dass auf diesen Vorgang Vergaberecht Anwendung finden muss.[65]

Die Gemeinde hat durch Rechtsverordnung bzw. Satzung, auf deren Erlass kein Rechtsanspruch besteht, den Innovationsbereich einzurichten. Mindestinhalt muss dabei sein:

62 Einzelheiten bei Kersten, in: Spannowsky/Uechtritz, BauGB (Fn. 1), § 171 f Rn. 81 ff. Zu praktischen Problemen und der Reaktion des Hamburger Gesetzgebers: Lackner, DVBl. 2011 (Fn. 4), 1522.

63 Vgl. dazu § 4 Abs. 2 BremGSED; § 4 Abs. 1 SaarBIDG.

64 Zur weiteren möglichen Inhalten: Kersten, in: Spannowsky/Uechtritz, BauGB (Fn. 1), § 171 f Rn. 101.

65 Dazu Matthias Ganske, Business-Improvement-Districts (BIDs) unter dem Blickwinkel des Vergaberechts, VergabeR 2008, 15 ff, ders., Business-Improvement-Districts (BIDs) und Vergaberecht: Ausschreiben! Aber wie?, BauR 2008, 1987 ff.; Kersten, in: Spannowsky/Uechtritz, BauGB (Fn. 1), § 171 f Rn. 103, Lackner, UPR 2009 (Fn. 2), 326 f, jeweils m.w.N. auch: Bernd Köster, Das nordrhein-westfälische Gesetz über Immobilien- und Standortgemeinschaften (ISGG NRW), ZfBR 2008, 658 (661 f.).

- eine Gebietsabgrenzung,
- die Festlegung von Zielen und Maßnahmen des Innovationsbereichs,
- die Benennung des Aufgabenträgers,
- der Hebesatz für die Finanzierung und
- die Höhe der Kostenpauschale für den Verwaltungsaufwand.[66]

4. Umsetzung

Aufgabe des Aufgabenträgers ist es, das Maßnahmen- und Finanzierungskonzept umzusetzen, wobei er sich der Hilfe Dritter bedienen kann. Dazu hat er einen Maßnahmen- und Wirtschaftsplan aufzustellen und bekanntzumachen.[67]

5. Abgabenerhebung

Zur Durchführung der Maßnahmen im Innovationsbereich werden von den Grundstückseigentümern im Innovationsgebiet Abgaben erhoben, deren Zweck darin besteht, den Aufwand des Innovationsbereichs zu decken. Hierzu gehören

- die Kosten der Maßnahmen, die im Innovationsbereich umgesetzt werden sollen,
- eine Kostenpauschale zur Abgeltung des Verwaltungsaufwandes und
- ein angemessener Gewinn des Aufgabenträgers.[68]

Abgabenpflichtig sind die Grundstückseigentümer und Erbbauberechtigten der im Innovationsbereich gelegenen Grundstücke.

Die Höhe der Abgabe wird berechnet als Produkt aus dem Hebesatz und dem nach den Vorschriften des Bewertungsgesetzes festgestellten Einheitswert des jeweiligen Grundstücks.[69] Ob diese Regelung wirklich geeignet ist, die Vorteile von BIDs vorteilsgerecht auf die Grundstückseigentümer umzulegen, wird mit Recht deshalb infrage gestellt, weil Einheitswerte kaum einen geeigneten Maß-

66 Vgl. § 4 Abs. 3 S. 1 BremGSED; § 3 Abs. 2 HmbGSED; § 3 Abs. 2 H INGE-Gesetz; § 4 Abs. 1 SaarBIDG; § 3 Abs. 1 S. 3 PACT-G SH. Zu fakulativen Inhalten: Kersten, in: Spannowsky/Uechtritz, BauGB (Fn. 1), § 171 f Rn. 106.

67 Einzelheiten hierzu und zur Überwachung des Aufgabenträgers Kersten, in: Spannowsky/Uechtritz, BauGB (Fn. 1), § 171 f Rn. 110 ff.

68 § 7 Abs. 1 S. 1 BremGSED; § 7 Abs. 1, 8 Abs. 1 S. 1 HmbGSED; § 7 Abs. 1, 8 Abs. 1 S. 1 H INGE-Gesetz.

69 Näheres bei Kersten, in: Spannowsky/Uechtritz, BauGB, § 171 f Rn. 124 ff. Zu aufgetretenen Anwendungsproblemen: Lackner, DVBl. 2011 (Fn. 4), 1526 f.

stab zur Bemessung des individuellen Vorteils eines BID darstellen.[70] Sinnvoller und vorteilsgerechter dürfte es sein, an die für das Erschließungsbeitragsrecht oder städtebauliche Sanierungsgebiete entwickelten Maßstäbe anzuknüpfen. Haben Personen im Innovationsbereich eindeutig keinen Vorteil, können sie von der Erhebung der Abgabe ausgenommen werden. Das gilt etwa für Grundstückseigentümer oder Erbbauberechtigte, deren Grundstück baulich nicht genutzt werden kann oder deren Nutzung ausschließlich zu Zwecken des Gemeinbedarfs erfolgt oder für Gewerbetreibende, die aufgrund der Lage ihres Betriebes oder der Art des Gewerbes keinen Vorteil von den Maßnahmen haben können.[71]

6. Laufzeit

Nach den einschlägigen landesrechtlichen Regelungen treten die Satzungen bzw. Rechtsverordnungen über Innovationsbereiche spätestens nach Ablauf von fünf Jahren seit ihrer Verkündung außer Kraft.[72] Eine Verlängerung der Laufzeit ist möglich. Mit dem Ablauf der Geltungsdauer endet das Recht zur Abgabenerhebung.

IV. Ausblick

Die Innovationsbereiche, die nach § 171 f BauGB in Verbindung mit den einschlägigen landesrechtlichen Regelungen eingerichtet werden können, stellen eine interessante Bereicherung städtebaulicher Entwicklungsmaßnahmen dar. Sie setzen den im BauGB generell zu beobachtenden Trend fort, Private stärker nicht nur in die Umsetzung, sondern auch in die städtebauliche Planung und Entwicklung einzubeziehen. Ein solcher Trend ist – wie bei Innovationsbreichen – jedenfalls dort zu begrüßen, wo regelmäßig nur ein bestimmter Personenkreis Vorteile von einer städtebaulichen Entwicklung hat und die Wirkungen über diesen Bereich kaum hinausreichen.

Notwendig ist freilich stets eine Abstimmung mit der städtebaulichen Planung und den Entwicklungsvorstellungen der Gemeinde. Das gilt vor allem auch deshalb, weil Zwangsabgaben für alle Grundstückseigentümer, mit denen

70 VG Hamburg, Urteil vom 13.1.2011 – 9 K 1774/09, juris Rn. 55 ff.; Lackner, DVBl. 2011 (Fn. 4), 1526.

71 § 3 Abs. 3 PACT-GSH; Kersten, in: Spannowsky/Uechtritz, BauGB (Fn. 1), § 171 f Rn. 155.

72 So genannte Sunset-Regelung, vgl. § 4 Abs. 3 S. 3 BremGSED; § 9 Abs. 1 HmbGSED; § 9 Abs. 1 H INGE-Gesetz; § 9 Abs. 1 SaarBIDG; § 4 S. 1 PACT-G SH.

die städtebauliche Entwicklung finanziert werden soll, nur dann gerechtfertigt sind, wenn hierfür ein öffentliches Interesse und nicht nur ein Interesse einzelner Privater besteht. Dies zu gewährleisten, ist Aufgabe der Gemeinde und der gemeindlichen Planung.

Ob private Initiativen zur Stadtentwicklung auch in Deutschland ein erfolgreiches Modell werden, ist zurzeit noch nicht auszumachen. Hemmnisse können sich insbesondere aus den hohen Zustimmungsquoren ergeben. Zu erwarten ist, dass solche privaten Initiativen nur ergänzend und dort erfolgreich sein können, wo ihnen ein überzeugendes Konzept zugrunde liegt, das alle Grundstückseigentümer im Gebiet unterstützen. „Bitte ein BID“ setzt deshalb Qualität und einen Vorteil für die überwiegende Zahl der Grundstückseigentümer im Gebiet voraus.

Sanierungsmaßnahme – Eine planerische Antwort auf städtebauliche Missstände

*Dr.-Ing. Frank Friesecke**

I. Einleitung

Städtebauliche Sanierungsmaßnahmen auf der Grundlage der §§ 136 bis 164 des Baugesetzbuches (BauGB) sind Maßnahmen in Stadt und Land, durch die ein Gebiet zur Behebung städtebaulicher Missstände wesentlich verbessert oder umgestaltet wird.

Das städtebauliche Sanierungsrecht stellt ein vergleichsweise „junges" Recht dar, es ist mit dem Städtebauförderungsgesetz (Gesetz über städtebauliche Sanierungs- und Entwicklungsmaßnahmen in den Gemeinden vom 27.7.1971)[1] erst-

* STEG, Stuttgart.

1 BGBl. I S. 1125.

mals in das deutsche Städtebaurecht aufgenommen worden. Mit der Einführung des städtebaulichen Sanierungsrechts wurde vom Gesetzgeber das Ziel verfolgt, das überkommene und erhaltenswerte bauliche Erbe zu bewahren, die Wohn- und Arbeitsbedingungen in der gebauten Umwelt zu verbessern sowie den Strukturwandel der gewerblichen Wirtschaft und der Landwirtschaft durch städtebauliche Maßnahmen zu begleiten.[2]

In den folgenden Jahrzehnten hat sich die Auseinandersetzung mit dem städtebaulichen Bestand zur Daueraufgabe entwickelt; städtebauliche Sanierungsmaßnahmen spielten nun eine zentrale Rolle bei der Sicherung der Zukunftsfähigkeit von zahlreichen Innenstädten aller Größenordnungen.[3] Diese positiven Wirkungen der Sanierung hatten u. a. zur Folge, dass das Sanierungsrecht in das Baugesetzbuch vom 8.12.1986[4] übernommen worden ist. Es stellt damit in seinem sachlichen Anwendungsbereich ein Sonderrecht gegenüber dem Allgemeinen Städtebaurecht (Erstes Kapitel des BauGB) dar.

Das flexible Regelungssystem steht heute für eine Stadtentwicklung der Innenentwicklung, welche die Erhaltung, Erneuerung, Fortentwicklung, Anpassung und den Umbau vorhandener Stadt- und Ortsteile beinhaltet. Wesentliche aktuelle Elemente der behutsamen Strategien liegen in der Reaktion auf demografische Entwicklungen (u. a. Schaffung vielfältiger, altersgerechter Wohnangebote im Bestand), auf wirtschaftliche Entwicklungen (u. a. Konversion militärischer Liegenschaften, Reaktivierung/Umnutzung von Gewerbestandorten bzw. -brachen), neuerdings aber auch in der Entschärfung energetischer Missstände (z. B. durch bauliche Nachverdichtung, energetische Sanierung der Gebäudesubstanz oder Dezentralisierung der Wärmeversorgung). Weitere Herausforderungen für die städtebauliche Sanierung liefern die andauernden Diskussionen um eine neue Planungs- und Beteiligungskultur sowie die bereits vollzogenen Kürzungen der Städtebauförderung (vgl. Abbildung 1).

2 Wirtschaftsministerium Baden-Württemberg (Hrsg.) (2002), S. 4.

3 Vgl. BMVBS (Hrsg.) (2011a), S. 8.

4 BGBl. I S. 2191.

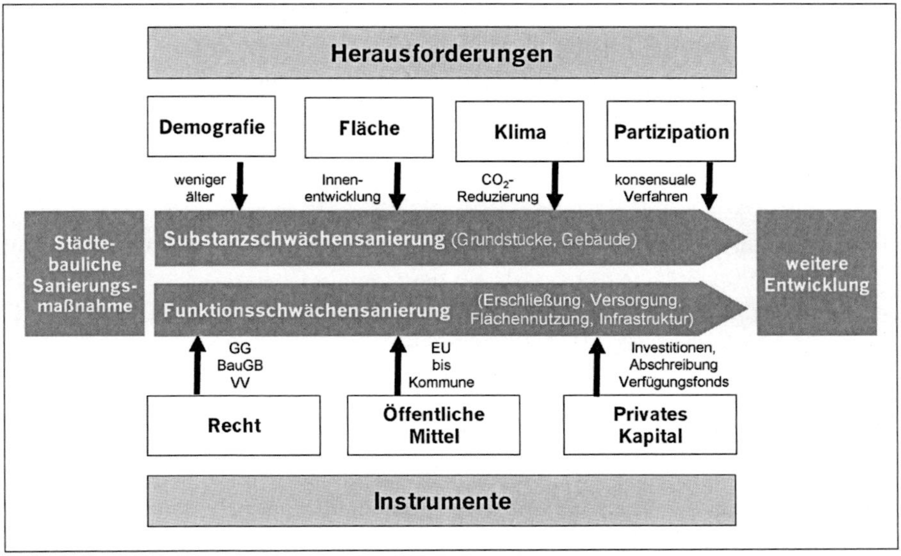

Abbildung 1: Die städtebauliche Sanierung vor neuen Herausforderungen.

Mit dem hier vorgelegten Artikel wird eine praxisorientierte Bewertung des städtebaulichen Sanierungsrechts aus planerischen Gesichtspunkten gegeben. Das zweite Kapitel beschreibt hierzu das Instrument der städtebaulichen Sanierungsmaßnahme in seinen Grundzügen. Anschließend erfolgt die Diskussion von Hemmnissen und Problemen sowie Erfolgsfaktoren und Hinweisen auf die gegenwärtige Sanierungspraxis, gegliedert nach den Phasen Vorbereitung (Kapitel III), Durchführung (Kapitel IV) und Abschluss der Sanierung (Kapitel V). In Kapitel VI stehen die Folgerungen und Empfehlungen für die Weiterentwicklung des Instrumentariums im Mittelpunkt.

II. Instrument der städtebaulichen Sanierungsmaßnahme

Wie bereits beschrieben, ist die städtebauliche Sanierungsmaßnahme ein Instrument des besonderen Städtebaurechts zur städtebaulichen Erneuerung von ganzen Quartieren. Sanierungsmaßnahmen dienen der Behebung städtebaulicher Missstände. Diese liegen vor, wenn ein Gebiet nach seiner vorhandenen Bebauung oder nach seiner sonstigen Beschaffenheit den allgemeinen Anforderungen an gesunde Wohn- und Arbeitsverhältnisse oder an die Sicherheit der in ihm wohnenden oder arbeitenden Menschen nicht entspricht (Substanzmängel) oder das Gebiet in der Erfüllung der Aufgaben erheblich beeinträchtigt ist, die ihm nach Lage und Funktion obliegen (Funktionsmängel). Zu den städtebaulichen Missständen zählen insbesondere:

- das Nebeneinander von unverträglichen Nutzungen,
- der fehlende Anschluss an öffentliche Verkehrsflächen,
- die fehlende infrastrukturelle Erschließung eines Gebietes mit Grünflächen, Sport- und Spielplätzen und Anlagen des Gemeindebedarfs,
- fehlende Einkaufsmöglichkeiten oder Fehlen sonstiger der Versorgung dienender Einrichtungen,
- energetisch unzureichende Verhältnisse.

Im letzteren Fall kann ein physischer Mangel beispielsweise angenommen werden, wenn die überwiegende Anzahl von Gebäuden in einem Quartier, etwa im Hinblick auf die Wärmedämmung, nicht den energetischen Anforderungen an einen nachhaltigen Klimaschutz entspricht.[5] Ein funktionaler Mangel wäre beispielsweise begründet, wenn ein Quartier über keine klimaschonenden Infrastrukturen verfügt (z. B. starke Versiegelung, Überlastung der technischen Infrastruktur bei Hochwasser o.Ä.).[6] Folglich ist es auch im Rahmen des Sanierungsrechts möglich, durch die Begründung physischer und/oder funktionaler Missstände der Bebauung einen Beitrag zum Klimaschutz zu leisten.

Die im Regierungsentwurf zum Gesetz zur Förderung des Klimaschutzes bei der Entwicklung in den Städten und Gemeinden vom 22.7.2011[7] vorgesehenen zusätzlichen Regelungen (Einbeziehung der klimagerechten Stadtentwicklung in die Aufgaben der städtebaulichen Sanierung durch Erweiterung des Begriffs „städtebauliche Missstände" in § 136 Satz 2 Nr. 1 BauGB, Einbeziehung der energetischen Beschaffenheit, der Gesamtenergieeffizienz des Gebiets und der Versorgung des Gebiets im Hinblick auf Erfordernisse der klimagerechten Stadtentwicklung bei Beurteilung der Funktionsschwäche eines Gebiets in § 136 Abs. 3 Nr. 2 BauGB sowie Einbeziehung der Erfordernisse der klimagerechten Stadtentwicklung, zu denen die städtebaulichen Sanierungsmaßnahmen zum Wohl der Allgemeinheit beitragen, in § 136 Abs. 4 Satz 2 Nr. 1 BauGB) sind allerdings

5 Vgl. Mitschang (2010), S. 534 ff. (548).

6 Vgl. ebenda.

7 BGBl. I S. 1509, Regierungsentwurf vom 6.6.2011.

nicht Gesetz geworden.[8] Die Begründung im Ausschussbericht, dass bereits die Einführung des Klimaschutzes in den Stadtumbau im Hinblick auf dessen konzeptionelle und konsensuale Vorgehensweise ein geeignetes Mittel sei, quartiersbezogene Lösungen für den Klimaschutz zu erreichen, leuchtet nicht ein, da die „hoheitliche" Sanierung bei Scheitern des konsensualen Stadtumbaus durchaus ein adäquates Instrument für Maßnahmen sein kann, die dem Klimawandel entgegenwirken, als auch der Anpassung an den Klimawandel dienen.[9]

Festzustellen ist in diesem Zusammenhang allerdings, dass das Vorliegen städtebaulicher Missstände für die Anwendung des städtebaulichen Sanierungsrechts allein nicht ausreichend ist. § 136 Abs. 1 BauGB bestimmt zusätzlich, dass die einheitliche Vorbereitung und zügige Durchführung der städtebaulichen Sanierungsmaßnahme im öffentlichen Interesse liegen muss.

Das qualifizierte öffentliche Interesse erfordert, dass es sowohl notwendig ist, eine einheitliche Planungskonzeption für das Sanierungsgebiet zu entwickeln (vgl. hierzu ausf. das nachfolgende Kapitel), als auch, dass es erforderlich sein muss, die städtebauliche Sanierungsmaßnahme in einem überschaubaren Zeitraum bis zu ihrem Abschluss zu betreiben. Welchen Zeitraum die Sanierung als Gesamtmaßnahme in Anspruch nimmt, lässt sich selbst bei gründlicher Vorbereitung allenfalls grob abschätzen.[10] Dennoch haben die Gemeinden seit der BauGB-Novelle 2007[11] nach § 142 Abs. 3 Satz 3 bei dem Beschluss über die Sanierungssatzung zugleich durch Beschluss die Frist festzulegen, in der die Sanierung durchgeführt werden soll. Die Befristung steht damit auch im Zusammenhang mit der Änderung der Bestimmung über die Gewährung von Bundesfinanzhilfen für die Städtebauförderung in Art. 104b Grundgesetz (GG).[12] Anders als nach der bis dahin geltenden Regelung sind danach die Bundesfinanzhilfen (d.h. auch die Städtebauförderungsmittel) nunmehr befristet und degressiv zu gewähren.

In der Praxis hat sich der Durchführungszeitraum der Sanierungsmaßnahmen in den vergangenen Jahren in den meisten Bundesländern deutlich redu-

8 Gemäß Söfker (2011), S. 541ff. (549).

9 Zur erfolgten Änderung des § 148 BauGB im Zuge des Gesetzes zur Förderung des Klimaschutzes bei der Entwicklung in den Städten und Gemeinden vom 22.7.2011 vgl. Kapitel IV.

10 Vgl. BVerwG, Beschluss vom 7.6.1996 – 4 B 91.96.

11 Gesetz zur Erleichterung von Planungsvorhaben für die Innenentwicklung der Städte vom 21.12.2006, BGBl. I S. 3316.

12 Gesetz zur Änderung des Grundgesetzes vom 2.8.2006, BGBl. I S. 2034.

ziert. Im Land Baden-Württemberg erfolgt ein Abschluss mittlerweile in der Regel nach ca. zehn Jahren.[13]

Das Sanierungsverfahren läuft dabei nach einem formalen Verfahren ab, das sich seit Einführung des Instrumentariums im Jahre 1971 nicht wesentlich geändert hat. Die wesentlichen Schritte dabei sind (vgl. Abbildung 2):

1. Grobanalyse
2. Vorbereitende Untersuchungen
3. Förmliche Festlegung des Sanierungsgebietes durch Satzung
4. Durchführung der Sanierung (Ordnungs- und Baumaßnahmen)
5. Abschluss der Sanierung.

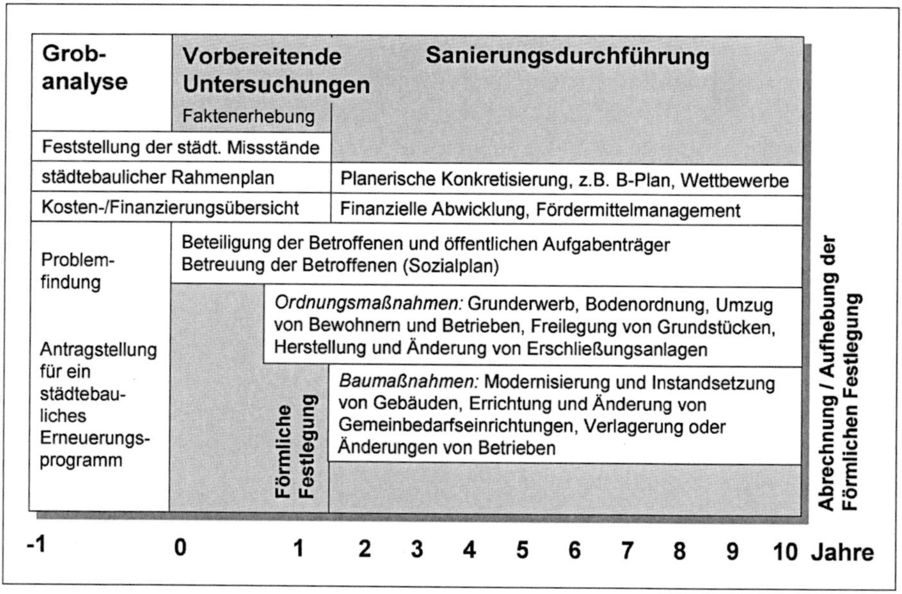

Abbildung 2: Ablauf einer städtebaulichen Sanierungsmaßnahme.[14]

13 Während die Bundesfinanzhilfen lediglich in fünf Jahresraten bereitgestellt werden (Bereitstellungszeitraum), erfolgt eine Bewilligung der Landesfinanzhilfen über neun Jahre (Verlängerungsmöglichkeit mit Zustimmung des Regierungspräsidiums und nach weiteren zwei Jahren des Ministeriums für Finanzen und Wirtschaft Baden-Württemberg).

14 Geändert nach Simon-Philipp, in: Städtebau-Institut Stuttgart (Hrsg.) (2010), S. 343.

Der Verfahrensschritt der Grobanalyse ist im Baugesetzbuch nicht gesetzlich geregelt, aber erforderlich, sofern die Gemeinde in ein Städtebauförderungsprogramm aufgenommen werden möchte. Die Grobanalyse gibt einen ersten Überblick über die städtebaulichen Missstände in einem möglichen Sanierungsgebiet. Sie umfasst eine Bestandsaufnahme und Bewertung der Rahmenbedingungen für die Entwicklung und den aktuellen Zustand des Gebietes, insbesondere Pläne und textliche Erläuterungen zu den Themen (über-)örtliche Planungsziele, Ziele der Fachplanung, aktuelles Planungs- und Baurecht, Denkmalschutz, Eigentumsverhältnisse, Stadtbild, Gebäudenutzung und -zustand, Freiflächen, Erschließung und Verkehr.[15] Die Grobanalyse bildet die Entscheidungsgrundlage der jeweiligen Landesbehörde, Fördermittel im Zuge der Städtebauförderung zu gewähren.

Zu Recht fordern mittlerweile zahlreiche Länder, dass sich die Erforderlichkeit der städtebaulichen Maßnahme aus den Zielsetzungen und Inhalten einer gesamtstädtischen Entwicklungskonzeption ableiten lässt (vgl. Abbildung 3).[16] Gerade in einem demografisch und wirtschaftlich schwierigen Umfeld sollten sich die verschiedenen Sanierungsziele der Gemeinde in dieses gesamtstädtische Konzept einfügen. Der praktische Nutzen liegt beispielsweise beim Thema Nahversorgung auf der Hand: Die Gemeinde kann die Versorgungsfunktionen und Kernnutzungen in den Innenstädten (und damit auch in den Sanierungsgebieten) deutlich besser stärken, wenn das integrierte Stadtentwicklungskonzept eine Ansiedlung am Stadtrand im Sinne einer Leitlinie für künftige nahversorgungsrelevante Planungen einschränkt bzw. untersagt.[17]

Der weitere Ablauf der städtebaulichen Sanierungsmaßnahme wird – unter enger Berücksichtigung der derzeitigen Praxis – in den nachfolgenden Kapiteln III bis V behandelt.

15 Vgl. Haag/Menzel/Katz, S. 80.

16 Vgl. z. B. Ziff. 2.2 der Verwaltungsvorschrift des Sächsischen Staatsministeriums des Innern über die Förderung der Städtebaulichen Erneuerung im Freistaat Sachsen (Verwaltungsvorschrift Städtebauliche Erneuerung – VwV StBauE) vom 20.8.2009.

17 Das städtebauliche Entwicklungskonzept bzw. gesonderte Einzelhandelskonzept sollte vom Gemeinderat förmlich beschlossen werden.

	Städtebauliches Entwicklungskonzept	Städtebauliche Sanierungsmaßnahme
Zweck	Bestimmung von Leitlinien, Zielen und Inhalten der künftigen Stadtentwicklung	Behebung gebietsbezogener städtebaulicher Missstände
Merkmale	visionär, Orientierung Konzeptplanung	konkret, Umsetzungsplanung
Raumbezug	gesamtes Stadtgebiet	Stadtteil-/quartier
Zeithorizont	langfristig (15-20 Jahre)	mittelfristig (8-10 Jahre)
Rechtscharakter	Beschluss des Gemeinderates (fakultativ)	Satzung nach BauGB
Steuerungsart	eher kooperativ	eher hoheitlich

Abbildung 3: Gegenüberstellung städtebauliches Entwicklungskonzept und städtebauliche Sanierungsmaßnahme.

III. Vorbereitung der Sanierung

Die in § 140 BauGB geregelte Vorbereitung der Sanierung bezeichnet die umfassenden Planungsaufgaben der Gemeinde für die städtebauliche Gesamtmaßnahme. Die Vorbereitungsaufgaben umfassen vor allem die Vorbereitenden Untersuchungen (§ 141 BauGB), die zur Aufgabe haben, die vorhandenen städtebaulichen Verhältnisse und die allgemeinen Ziele und Zwecke der Sanierungsmaßnahme festzustellen.

Der Umfang der vorbereitenden Untersuchungen ist entsprechend der Situation des jeweiligen Gebiets und der beabsichtigten Ziele der Sanierung von der Gemeinde zu bestimmen. Der Beurteilungsrahmen der Gemeinde ist durch das Gesetz nur dahingehend vorgegeben, dass „hinreichende Beurteilungsgrundlagen“ für die spätere förmliche Festlegung des Sanierungsgebiets gewonnen werden müssen.

Die Sanierungspraxis zeigt, dass zahlreiche Gemeinden – und zwar insbesondere nach erfolgter Programmaufnahme – die Vorbereitenden Untersuchungen auf ein Mindestmaß reduzieren, um möglichst schnell mit der Sanierungsdurchführung beginnen zu können. Im Sinne einer zügigen Durchführung der Gesamtmaßnahme ist dieser Ansatz zwar begrüßenswert, aus mehreren Gründen sollte die Gewinnung der Beurteilungsgrundlagen aber dennoch umfassend betrieben werden:

- Bürgerschaftliches Engagement und Beteiligung: Die städtebauliche Sanierung kann nur dann erfolgreich sein, wenn sich die lokale Bevölkerung aktiv am Veränderungsprozess vor Ort beteiligt. Eigentümer- und Mieterversammlungen zum Beginn und Abschluss der Vorbereitenden Untersuchungen, persönliche Befragungen zur Gewinnung der notwendigen Beurteilungsgrundlagen und die Berichterstattung in den lokalen Medien sind wichtige Voraussetzungen für eine umfassende Aktivierung und Beteiligung der Sanierungsbetroffenen. Dies gilt gleichermaßen für die frühzeitige, über die Standardbeteiligung der öffentlichen Aufgabenträger[18] hinausgehende, Einbindung der Gewerbetreibenden und Investoren, nachbarschaftlichen und bürgerschaftlichen Initiativen, Vereinen und weiteren Akteuren.
- Städtebauliche Planung: Die städtebauliche Planung ist der wichtigste Teil der Vorbereitung der Sanierung. Sie hat vor allem zur Aufgabe, die Verbesserung bzw. Umgestaltung des Sanierungsgebietes städtebaulich vorzubereiten und zu lenken.[19] § 140 BauGB enthält allerdings keine Regelung darüber, welche bestimmte Planungsart als städtebauliche Planung im Sinne des Sanierungsrechts in Betracht kommt, beispielhaft im Gesetz genannt sind die Bauleitplanung und die städtebauliche Rahmenplanung (vgl. § 140 Nr. 4 BauGB). Mit Blick auf die Sanierungspraxis fällt auf, dass in der Mehrheit der (vor allem informellen) Planungen der Gemeinden den Auswirkungen auf die veränderten Rahmenbedingungen (Demografie, Klimaschutz, Flächeneinsparung, Einzelhandel, Vergnügungsstätten[20]) noch zu wenig Bedeutung beigemessen wird. Da die städtebauliche Planung in zeitlicher Sicht die gesamte Sanierung umfasst, vgl. hierzu ausführlicher auch das nachfolgende Kapitel.
- Zurückstellung von Baugesuchen: § 141 Abs. 4 Satz 1 Halbsatz 2 BauGB ermächtigt die Gemeinde bereits im Untersuchungsgebiet zur Zurückstellung von Vorhaben und der Beseitigung baulicher Anlagen (Bezugnahme auf § 15

18 Gemäß § 139 BauGB sind die Behörden sowie sonstigen Träger öffentlicher Belange am Sanierungsverfahren zu beteiligen. Dies setzt von Gemeindeseite eine frühzeitige und regelmäßige Unterrichtungspflicht im Hinblick auf die Durchführung bzw. Änderung aufeinander abgestimmter Maßnahmen oder Planungen voraus.

19 Mathony (2009), S. 141.

20 Vgl. hierzu auch die Ausführungen von Birk und Uechtritz im gleichen Band.

BauGB). Voraussetzung hierfür ist allerdings, dass sich aus dem Beschluss der Vorbereitenden Untersuchungen bereits in hinreichender Klarheit ergibt, welche Ziele die Vorbereitenden Untersuchungen, und damit auch die anschließende Sanierung, verfolgen sollen.

- Abwägungssicherheit: Im Hinblick auf die Feststellung des Erfordernisses der Durchführung einer städtebaulichen Sanierungsmaßnahme muss die Gemeinde – wenn auch nur allgemein – das Erfordernis der Anwendung der besonderen bodenrechtlichen Bestimmungen des Gesetzes beurteilen können (Wahl zwischen dem vereinfachten und umfassenden Sanierungsverfahren[21]). Innerhalb des vereinfachten Verfahrens kann die Gemeinde nach ihrem Ermessen wiederum unterschiedliche verfahrensrechtliche Gestaltungen wählen. Sie kann in der Sanierungssatzung die Anwendung der Genehmigungspflicht nach § 144 Abs. 1 BauGB, der Genehmigungspflicht nach § 144 Abs. 2 BauGB oder der Genehmigungspflicht nach § 144 Abs. 1 und 2 BauGB insgesamt ausschließen. Nur eine sorgfältig durchgeführte vorbereitende Untersuchung gewährleistet die Wahl des „richtigen" Sanierungsverfahrens, die auch aus Kostengesichtspunkten von entscheidender Bedeutung ist (Mitfinanzierung der Sanierungsmaßnahme über Ausgleichsbeträge).
- Monitoring und Evaluation: Die städtebaulichen, ökonomischen, ökologischen und sozialen Wirkungen einer Sanierungsmaßnahme sind nur dann nachweisbar, wenn bereits im Zuge der Vorbereitenden Untersuchungen kleinräumig zugeschnittene Monitoringsysteme mit einem Mindestsatz an „sanierungsrelevanten" Indikatoren aufgebaut werden. Die Evaluierung der Sanierungswirkungen sollte dann laufend und nicht erst am Ende der Maßnahme stattfinden, damit gegebenenfalls eine inhaltliche Nachsteuerung der Einzelmaßnahmen erfolgen kann.[22]

Die Auflistung verdeutlicht, dass sich über den gesetzlich vorgeschriebenen und üblichen Umfang hinausgehende Vorbereitende Untersuchungen durchaus rechnen können. Bewohner, Eigentümer und Gewerbetreibende, die bereits bei der Erarbeitung der Sanierungsziele eingebunden werden, können sich mit dem komplexen Prozess der Sanierungsdurchführung besser identifizieren. Zudem eröffnet der intensive Austausch zwischen allen Beteiligten die Integration verschiedener Sichtweisen, was die Absicherung der Ergebnisse verbessert. Eine

21 Als maßgebliches Entscheidungskriterium wird unter anderem die zum Zeitpunkt der Beschlussfassung erwartete Auswirkung der Sanierung auf die Bodenpreise herangezogen.

22 Vgl. hierzu auch BMVBS (Hrsg.) (2011a), S. 137 f.

frühzeitige Öffentlichkeitsbeteiligung trägt so zu Qualitätssicherung und leichterer Umsetzung der Sanierungskonzeption bei und kann somit auch zeit- und kostensparende Wirkungen haben.

IV. Durchführung der Sanierung

Mit dem Begriff „Durchführung" bezeichnet das Baugesetzbuch diejenigen sanierungsbedingten Einzelmaßnahmen, die nach den Zielen und Zwecken der Sanierung erforderlich sind.[23] Hierzu zählen die Ordnungsmaßnahmen (§ 147 BauGB) und die Baumaßnahmen (§ 148 BauGB).

Die Durchführung der Ordnungsmaßnahmen obliegt der Gemeinde. Ordnungsmaßnahmen sind insbesondere solche Maßnahmen, die erforderlich sind, damit Baumaßnahmen durchgeführt werden können. Die abschließende Aufzählung in § 147 Abs. 1 Satz 1 BauGB rechnet hierzu:

- die Bodenordnung einschließlich des Erwerbs von Grundstücken,
- den Umzug von Bewohnern und Betrieben,
- die Freilegung von Grundstücken,
- die Herstellung und Änderung von Erschließungsanlagen,
- sonstige Maßnahmen, die notwendig sind, damit die Baumaßnahmen durchgeführt werden können sowie
- die Flächenbereitstellung und die Durchführung von Ausgleichsmaßnahmen nach § 1a Abs. 3 BauGB auf fremden Grundstücken.

Die Sanierungspraxis zeigt, dass Ordnungsmaßnahmen, die nicht auf gemeindeeigenen Grundstücken durchgeführt werden, zumeist den Eigentümern überlassen werden (§ 146 Abs. 3 Satz 1 BauGB). Hierbei handelt es sich insbesondere um die Beseitigung baulicher Anlagen und den Umzug von Bewohnern und Betrieben. Voraussetzung zur Übertragung einzelner Ordnungsmaßnahmen auf den Eigentümer ist eine vertragliche Regelung zwischen Gemeinde und Eigentümer.

Die Durchführung der Baumaßnahmen ist gemäß § 148 BauGB grundsätzlich Aufgabe der Eigentümer, soweit die zügige und zweckmäßige Durchführung durch sie gewährleistet ist. Die Baumaßnahmen im Einzelnen sind:

23 So Krautzberger, in: Ernst/Zinkahn/Bielenberg/Krautzberger, BauGB, 98. Lfg. 2011, Vorbemerkungen zu den städtebaulichen Sanierungsmaßnahmen (§§ 136 bis 164b BauGB), Rn. 111.

- die Modernisierung und Instandsetzung,
- die Neubebauung und Ersatzbauten,
- die Errichtung und Änderung von Gemeinbedarfs- und Folgeeinrichtungen,
- die Verlagerung oder Änderung von Betrieben,
- Ausgleichsmaßnahmen im Sinne des § 1a BauGB auf privaten Grundstücken sowie
- die Errichtung und Erweiterung von Anlagen und Einrichtungen zur dezentralen und zentralen Erzeugung, Verteilung, Nutzung oder Speicherung von Strom, Wärme oder Kälte aus erneuerbaren Energien oder Kraft-Wärme-Kopplung.

Der letztgenannte Unterpunkt ist im Zuge der Klimaschutznovelle (Gesetz zur Förderung des Klimaschutzes bei der Entwicklung in den Städten und Gemeinden vom 22.7.2011[24]) in das Baugesetzbuch eingefügt worden und soll verdeutlichen, dass die städtebauliche Sanierung auch über das Einzelgebäude hinausgehende, gebietsbezogene energetische Maßnahmen zulässt.

Insgesamt wird es für eine erfolgreiche Sanierung darauf ankommen, dass die öffentlichen und privaten Maßnahmen sowie die Bau- und Ordnungsmaßnahmen in einem ausgewogenen Verhältnis zueinander stehen. Da es sich bei der städtebaulichen Sanierungsmaßnahme um eine gebietsbezogene Gesamtmaßnahme handelt, die sich aus einem Bündel städtebaulicher Einzelmaßnahmen zusammensetzt, sollten beispielsweise Erschließungsmaßnahmen im Sinne der Neugestaltung bereits vorhandener öffentlicher Verkehrsflächen keinesfalls einen dominierenden Anteil an der Sanierungskonzeption umfassen – so wie von vielen Kommunen gewünscht. Zur Aktivierung von privaten Maßnahmen bietet es sich an, den privaten Grundstückseigentümern nicht nur die steuerliche Abschreibung von Baukosten nach § 7h, 10f und 11a Einkommensteuergesetz zu gewähren, sondern zusätzlich einen Zuschuss für eine Gebäudemodernisierung oder einen Gebäudeabbruch in Aussicht zu stellen.[25] Voraussetzung ist in allen Fällen eine schriftliche Bau- oder Ordnungsmaßnahmenvereinbarung zwischen der Gemeinde und dem Eigentümer.

24 BGBl. I S. 1509.

25 Je nach Förderrichtlinie der Länder sind die Förderhöchstsätze für private Maßnahmen unterschiedlich geregelt. Vgl. exemplarisch für das Land Baden-Württemberg Ziff. 10.2.2.1 der Verwaltungsvorschrift des Wirtschaftsministeriums über die Förderung städtebaulicher Erneuerungs- und Entwicklungsmaßnahmen (Städtebauförderungsrichtlinien – StBauFR) vom 23.11.2006 (GABl. S. 568).

Grundlage für die erfolgreiche Durchführung von Bau- und Ordnungsmaßnahmen sind in der Regel vertiefende Feinuntersuchungen oder Blockkonzepte, die sich auf bestimmte sektorale Aspekte beziehen bzw. die Sanierungsziele auf Blockebene konkretisieren. Die Planung im Zuge der Sanierungsdurchführung bezieht sich folglich nicht allein auf die förmlichen Bauleitpläne (Flächennutzungsplan, Bebauungsplan), sondern insbesondere auch auf die so genannten informellen Planungen wie Sozialkonzepte, Energie- und Klimaschutzkonzepte, Verkehrskonzepte, Einzelhandels- und Nahversorgungskonzepte oder Gestaltungskonzepte. Die informellen „Ergänzung- und Ersatzinstrumente“[26] haben in den vergangenen Jahren erheblich an Verbreitung gewonnen und können durch ergänzende Stadtratsbeschlüsse zusätzlich unterstützt werden.

Vor dem Hintergrund des Energiekonzeptes der Bundesregierung[27] werden künftig vor allem die Klimaschutzkonzepte auf Quartiers- und damit auch auf Sanierungsgebietsebene an Bedeutung gewinnen. Sie werden aus dem kommunalen Klimaschutzkonzept der jeweiligen Kommune abgeleitet und sollen Elemente aufzeigen, welche technischen und wirtschaftlichen Energieeinsparpotenziale im Quartier bestehen und welche konkreten Maßnahmen ergriffen werden müssen, um kurz-, mittel- und langfristig CO_2-Emissionen zu reduzieren. Möglichkeiten der Schaffung energieeffizienter Sanierungsgebiete sind z. B. in folgenden Maßnahmen zu sehen:[28]

- flächendeckende energetische Sanierung der Gebäudesubstanz, d. h. vor allem Verbesserung des Wärmeschutzes,
- Einbindung von alternativen Energiesystemen zur Wärmebereitstellung (z. B. Solarenergie),
- Dezentralisierung der Wärmeversorgung auf der Gebäude- oder Blockebene bei Vorhandensein zentraler Wärmeversorgungssysteme (Nah-/Fernwärme),
- bauliche Nachverdichtung, Entwicklung zu einer geschlossenen kompakten Bebauung,
- Ausbau von zentralen Wärmeversorgungssystemen zur Steigerung des Anteils der Kraft-Wärme-Kopplung.

26 Vgl. BMVBS (Hrsg.) (2011a), S. 108.

27 Energiekonzept 2050 der Bundesregierung vom 28.9.2010, vgl. http://www.bundesregierung.de/Webs/Breg/DE/Energiekonzept/energiekonzept.html.

28 Vgl. BMVBS (Hrsg.) (2011b), S. 106.

Als Anreizmechanismus für die energetische Stadtsanierung formuliert der Koalitionsvertrag der neuen Landesregierung in Baden-Württemberg beispielsweise, dass bei der Vergabe von Städtebauförderungsmitteln künftig Kommunen priorisiert werden sollen, die eigene Klimaschutzkonzepte vorweisen.[29]

Über die Zielsetzungen des Klimaschutzes hinaus kann bei der Anpassung der Quartiere an veränderte Rahmenbedingungen vor allem Einzelhandels- und Nahversorgungskonzepten eine wichtige Rolle zukommen. Damit nicht integrierte neue Einzelhandelsstandorte verhindert werden können, bedarf es innerstädtischer Konzepte mit der Zielsetzung, ökonomisch tragfähige und vielfältige Einzelhandelsangebote in der Innenstadt zu sichern und zu stärken. Gleichermaßen geht es in schrumpfenden Gemeinden, in denen sich potenzielle Investoren auf dem Rückzug befinden, darum, unter Beteiligung der ansässigen Einzelhändler und Immobilienbesitzer neue Servicekonzepte wie z. B. Lieferdienste und passende Angebotsformen für alle Altersstufen und Bevölkerungsgruppen zu entwickeln. Zur Vermeidung von Trading-Down-Effekten wird es vor allem für größere Kommunen unumgänglich sein, sich auch mit dem Thema Vergnügungsstätten (Spielhallen, Sex-Shops etc.) auseinanderzusetzen. Es empfiehlt sich, die Einrichtung von Vergnügungsstätten durch gesamtstädtische Konzepte auf bestimmte Teile des Gemeindegebietes zu beschränken, wobei hierfür nachvollziehbare Ausschluss- und Abwägungskriterien zugrunde liegen müssen.[30]

Schließlich sind die in der Sanierungspraxis leider zunehmend seltener zur Anwendung kommenden Gestaltungskonzepte zu nennen, welche – teilweise untersetzt durch Gestaltungssatzungen oder einen Gestaltungsbeirat – die hohen städtebaulichen Qualitätsstandards im Sanierungsgebiet sicherstellen sollen. Die Genehmigungsfähigkeit von Vorhaben, die der Genehmigungspflicht nach § 144 Abs. 1 und 2 BauGB unterliegen, orientiert sich an diesen Konzepten, was zur Folge hat, dass die Gemeinde vor allem bei privaten Baumaßnahmen eine Richtlinie zur Hand hat, um bestimmte Gestaltungsvorgaben durchsetzen und damit Fehlentwicklungen verhindern zu können (z. B. in Bezug auf die Fassaden- oder Dachziegelfarbe, die Anbringung von Klappläden, Satellitenschüsseln und Werbeanlagen, die Gestaltung von Schaufensterbereichen). In der kommunalen Praxis ungleich problematischer stellt sich allerdings der Umgang mit so genannten Schrottimmobilien dar, also nicht angemessen genutzten und zum Teil stark verfallenen Liegenschaften, die die städtebauliche Erneuerung des

29 Koalitionsvertrag zwischen Bündnis 90/ Die Grünen und der SPD Baden-Württemberg, S. 54.

30 Vgl. zu diesem Thema ausf. die Ausführungen von Birk und Uechtritz in diesem Band.

Gebietes behindern können. Die Instrumente des Sanierungsrechts (u. a. Auskunftspflicht, Einsatz von städtebaulichen Geboten, Fördermöglichkeiten für Private, Vorkaufsrecht der Gemeinde[31]) reichen in vielen Fällen nicht aus, um eine städtebaulich sinnvolle Lösung für die betroffene Grundstücke zu erlangen (vgl. diesbzgl. die Handlungsempfehlungen in Kapitel VI).

Für den städtebaulichen Rahmenplan gilt, wie auch für die vorgestellten planerischen Einzelkonzepte gleichermaßen, dass er auch in Zeiten knappen Budgets regelmäßig fortzuschreiben sowie zu konkretisieren ist.

Insgesamt ist festzustellen, dass die Planung und Durchführung von Bau- und Ordnungsmaßnahmen in großem Maße von der Finanzsituation der jeweiligen Gemeinde abhängig ist. In fast allen Gemeinden bundesweit ist daher die Bereitstellung von Mitteln der Städtebauförderung Voraussetzung für die sachgerechte Durchführung einer Sanierungsmaßnahme, wenngleich sie keine tatbestandliche Voraussetzung für die Anwendung des Sanierungsrechts ist. Allerdings ist die Durchführbarkeit der Sanierung in einem absehbaren Zeitraum und damit die Finanzierbarkeit der Maßnahme ggf. durch Bereitstellung oder Inaussichtstellung der voraussichtlich erforderlichen Mittel aus öffentlichen Haushalten Voraussetzung für die förmliche Festlegung.[32]

Betrachtet man die zahlreichen finanzschwachen Kommunen vor allem in den Bundesländern Saarland, Nordrhein-Westfalen, Hessen und Sachsen-Anhalt, so wird deutlich, dass das Instrument Städtebauförderung die finanzielle Ungleichheit zwischen den Städten noch verstärken kann. Kommunen, die Probleme mit der Aufbringung ihres Eigenanteils haben, müssen ihre Sanierungsstrategie sehr viel stärker an der Verfügbarkeit von Eigenmitteln ausrichten als andere Städte.[33] Städtebauliche Maßnahmen werden folglich aufgeschoben oder reduziert, ggf. ist eine Teilnahme an bestimmten Förderprogrammen erst gar nicht möglich.

Mittlerweile existieren in einigen Landes-Förderrichtlinien Regelungen, die besonders finanzschwache Kommunen entlasten, ohne das Grundprinzip der paritätischen Finanzierung der Städtebauförderung durch Bund, Länder und Kommunen infrage zu stellen. Zu den Regelungen zur Reduzierung des kommunalen Eigenanteils gehören beispielsweise die Anrechnung von Spenden auf den Eigenanteil, die Anerkennung von Investitionen geförderter Eigentümer auf den Eigenanteil sowie die Kofinanzierung durch EU-Fördermittel oder Länder-

31 Vgl. hierzu ausf. BMVBS/BBSR (Hrsg.) (2009).

32 So Krautzberger, in: Battis/Krautzberger/Löhr, § 136 BauGB, Rn. 8.

33 So auch BMVBS (Hrsg.) (2011a), S. 57.

Fonds. Die Bundesländer Hessen, Nordrhein-Westfalen, Rheinland-Pfalz und Mecklenburg-Vorpommern ermitteln den kommunalen Eigenanteil inzwischen in Abhängigkeit der Leistungsfähigkeit der Kommune.[34]

Im Zusammenhang mit der flexiblen Handhabung von Eigenanteilen in haushaltsschwachen Kommunen wird es künftig insbesondere darauf ankommen, mehr privates Kapital für Maßnahmen der Stadtsanierung einzubringen. Hierzu bedarf es einer verstärkten Einbindung (und Verantwortungsübernahme) der privatwirtschaftlichen und zivilgesellschaftlichen Akteure, z.B. in Form von Sanierungsbeiräten bzw. Stadtteilforen.[35]

V. Abschluss der Sanierung

Der formelle Abschluss der Sanierung besteht in der Aufhebung der Sanierungssatzung (§ 162 Abs. 1 Satz 1 BauGB), in der teilweisen Aufhebung der Sanierungssatzung (§ 162 Abs. 1 Satz 2 BauGB) bzw. in der Abschlusserklärung für einzelne Grundstücke vor Aufhebung der Sanierungssatzung (§ 163 BauGB). Die Sanierungssatzung ist nach § 162 BauGB in den folgenden Fällen aufzuheben:

- nach Durchführung der Sanierung (also nach Beseitigung der städtebaulichen Missstände[36]),
- bei Undurchführbarkeit der Sanierung (z.B. bei fehlender oder unzureichender Finanzierbarkeit der nach dem Sanierungskonzept geplanten Maßnahmen),
- bei Aufgabe der Sanierungsabsicht (z.B. bei zunehmendem Widerstand der Betroffenen oder geänderten planerischen Erwägungen der Gemeinde) und
- bei Ablauf der Frist, die für die Durchführung der Sanierung festgelegt worden ist.[37]

34 Vgl. ausf. Feiertag/Müller (2011), S. 15 ff. In Baden-Württemberg dienen gemäß Zif. 5.4.3. StBauFR Zuschüsse aus dem Ausgleichsstock der Stärkung des Eigenanteils der Gemeinde.

35 Alternativ bietet sich die Festlegung von Business oder Housing Improvement Districts an, vgl. § 171 f BauGB sowie Friesecke (2008), S. 247 ff.

36 Eine vollständige Beseitigung der städtebaulichen Missstände ist nicht zwingend erforderlich und wird in der Praxis – insbesondere bei größeren Sanierungsgebieten – auch kaum zu erreichen sein.

37 § 142 Abs. 3 Satz 3 BauGB regelt, dass beim Beschluss über die Sanierungssatzung zugleich durch Beschluss die Frist festzulegen ist, in der die Sanierung durchgeführt werden soll; die Frist soll 15 Jahre nicht überschreiten.

Liegen diese Gründe vor, ist die Gemeinde zur Aufhebung der Sanierungssatzung verpflichtet. Es handelt sich hierbei somit nicht um eine freie Ermessensentscheidung der Gemeinde. Mit der Aufhebung der Sanierungssatzung enden auch die Rechtswirkungen, die an die förmliche Festlegung anknüpfen (u.a. sanierungsrechtlicher Genehmigungsvorbehalt, Vorkaufsrecht der Gemeinde).

Wie bereits erwähnt kommt nach § 163 BauGB die Entlassung einzelner Grundstücke vor Beendigung der Sanierung in Betracht, wenn die Sanierung für ein Grundstück abgeschlossen ist. Voraussetzung für diese Abschlusserklärung ist, dass das Grundstück bebaut ist oder in sonstiger Weise genutzt wird oder das Gebäude modernisiert oder instand gesetzt ist. Die Entlassung kann von der Gemeinde von Amts wegen durch Verwaltungsakt vorgenommen werden. Der Eigentümer kann diesen Verwaltungsakt aber auch beantragen; er hat einen Rechtsanspruch auf Entlassung.[38] Die Praxis zeigt allerdings, dass von diesem Instrumentarium, vermutlich mangels Kenntnis auf Eigentümerseite, selten Gebrauch gemacht wird.

Bei der Überprüfung der Teilaufhebung der Sanierungssatzung nach § 162 Abs. 1 Satz 2 BauGB geht es dagegen nicht um eine grundstücksbezogene, sondern um eine gebietsbezogene Beurteilung.[39] Die Gemeinde hat zu prüfen, ob, gemessen an den Zielen und Zwecken der Sanierung und den Grundsätzen, die für die Abgrenzung des Sanierungsgebiets bei der förmlichen Festlegung zugrunde gelegt worden sind, dieser Teil aus der Sanierung förmlich herausgenommen werden kann. Dabei ist auch zu prüfen, ob sich im weiteren Verlauf der Durchführung der Sanierung im übrigen Gebiet Auswirkungen auf den betreffenden Teil ergeben können, die eine weitere Einbeziehung des Gebiets als erforderlich oder jedenfalls als vertretbar erscheinen lassen.[40] In der Sanierungspraxis kommt eine Teilaufhebung vor allem in großen Sanierungsgebieten in Betracht, in denen die Sanierungsziele in Teilbereichen bereits erreicht worden sind oder die Erreichung durch andere Fördermittel (z.B. EU-Mittel) sichergestellt ist. Für die Gemeinden stellt die Teilaufhebung allerdings einen erhöhten Verwaltungsaufwand dar, da für das Gebiet eine Teilabrechnung erstellt werden muss.

Im Zusammenhang mit der Satzungsaufhebung stellt sich im Falle der Anwendung des umfassenden Sanierungsverfahrens unter Anwendung der

38 Das Grundstück bleibt auch nach der Abschlusserklärung formell Bestandteil des Sanierungsgebiets, für das betreffende Grundstück entfällt allerdings die Anwendung der §§ 144, 145 und 153 BauGB, zudem ist der Sanierungsvermerk im Grundbuch zu löschen.

39 Vgl. BVerwG, Beschluss vom 12.12.1995 – 4 B 281.95.

40 So Krautzberger, in: Ernst/Zinkahn/Bielenberg/Krautzberger, BauGB, 84. Lfg. 2007, § 162 BauGB, Rn. 19.

besonderen sanierungsrechtlichen Vorschriften (§§ 152 bis 156a BauGB) immer auch die Frage nach der Erhebung des Ausgleichsbetrags. Der Eigentümer eines im förmlich festgelegten Sanierungsgebiet gelegenen Grundstücks hat nach § 154 Abs. 1 Satz 1 zur Finanzierung der Sanierung an die Gemeinde einen Ausgleichsbetrag in Geld zu entrichten, der der sanierungsbedingten Bodenwerterhöhung seines Grundstücks entspricht. Der Ausgleichsbetrag ist spätestens nach Aufhebung der Sanierungssatzung durch Bescheid zu erheben (§ 154 Abs. 4 Satz 1 BauGB), er kann jedoch auch schon vorher durch eine freiwillige Ablösevereinbarung zwischen dem jeweiligen Grundstückseigentümer und der Gemeinde abgelöst werden (§ 154 Abs. 3 Satz 2 BauGB). Im Sinne einer konsensualen Vorgehensweise im Rahmen der eher hoheitlichen Sanierungsmaßnahme bietet sich die letztgenannte Variante an, da sie zugleich entscheidende Vorteile für die Gemeinde als auch für den Eigentümer mit sich bringt.

Für die Gemeinde stellt die Ablösung insbesondere ein Vorfinanzierungsinstitut dar. Frühzeitig eingenommene Beträge sparen Städtebaufördermittel ein, da sie als zweckgebundene Einnahmen zur Finanzierung weiterer Maßnahmen im Sanierungsgebiet eingesetzt werden können. Darüber hinaus lässt sich der mit der Erhebung von Ausgleichsbeträgen verbundene Verwaltungsaufwand einsparen. Auf der anderen Seite schafft die Ablösevereinbarung aber auch Rechtssicherheit für die privaten Eigentümer, die ihre Vorhaben auf sicherer Grundlage kalkulieren können, da die Ablösung endgültig ist und Nacherhebungen ausgeschlossen sind. Ein weiterer Vorteil liegt darin, dass bei der vorzeitigen Ablösung des Ausgleichsbetrages Gemeinden auf der Grundlage eines Gemeinderatsbeschlusses einen zusätzlichen Verfahrensnachlass gewähren können (z. B. im Freistaat Sachsen bis zu einem Jahr vor dem geplanten Abschluss der Sanierungsmaßnahme in Höhe von bis zu 20 %).[41]

Abweichend von dem oben genannten wertorientierten Verfahren kann die Gemeinde gemäß § 154 Abs. 2a BauGB durch Satzung bestimmen, dass der Ausgleichsbetrag ausgehend von dem Aufwand für die Erweiterung oder Verbesserung von Erschließungsanlagen im Sinne des § 127 Abs. 2 Nr. 1 bis 3 BauGB (Verkehrsanlagen) in dem Sanierungsgebiet zu berechnen ist. Voraussetzung für den Erlass einer solchen Satzung sind Anhaltspunkte dafür, dass die sanierungsbedingte Erhöhung der Bodenwerte der Grundstücke in dem Sanierungsgebiet nicht wesentlich über der Hälfte dieses Aufwandes liegt.

41 Vgl. Zif. 21.3 der Verwaltungsvorschrift des Sächsischen Staatsministeriums des Innern über die Förderung der Städtebaulichen Erneuerung im Freistaat Sachsen (Verwaltungsvorschrift Städtebauliche Erneuerung – VwV StBauE) vom 20.8.2009.

Diese so genannte Kostenlösung, die eine Alternative zur vorhandenen Wertlösung darstellt, ist mit dem zum 1.1.2007 in Kraft getretenen Gesetz zur Erleichterung von Planungsvorhaben für die Innenentwicklung der Städte vom 21.12.2006 eingeführt worden. Die Regelung, die vom Gesetzgeber insbesondere für lang andauernde Sanierungsverfahren vorgesehen ist, bei denen sanierungsbedingte Bodenwerterhöhungen nur mit großem Aufwand ermittelbar sind, hat in der Praxis (bisher) keine Verbreitung gefunden.

Ein Grund hierfür mag in der so genannten Bagatellklausel nach § 155 Abs. 3 BauGB liegen, nach der die Gemeinde für das förmlich festgelegte Sanierungsgebiet oder für Teile des Sanierungsgebiets von der Festsetzung des Ausgleichsbetrages absehen kann, wenn der Verwaltungsaufwand für die Erhebung des Ausgleichsbetrags in keinem Verhältnis zu den möglichen Einnahmen steht. Gerade bei sehr lang andauernden Sanierungsverfahren kann es schwierig werden, die sanierungsbedingten Bodenwertzuwächse von den allgemeinen Wertveränderungen, die z. B. auch außerhalb des Sanierungsgebiets begründet sein können (so genannter externe Effekte), rechtssicher zu trennen.

Des Weiteren liegt ein Grund für die fehlende Anwendung der alternativen Bemessungsart des Ausgleichsbetrags sicherlich auch darin, dass Bedenken bestehen, ob mit der Neuregelung dem verfassungsgemäßen Gleichheitsgrundsatz nach Artikel 3 Grundgesetz und der Abgabengerechtigkeit Rechnung getragen wird.[42]

Unabhängig von der Ausgleichsbetragserhebung stellt sich im Zusammenhang mit der Satzungsaufhebung die Frage nach der Verstetigung bzw. Sicherung des mit der Sanierung Erreichten. Dazu kommen insbesondere folgende Ansätze in Betracht:[43]

- Aufstellung, Änderung oder Ergänzung von Bebauungsplänen,
- Schaffung von Grundlagen zur Durchführung von standortbezogenen Maßnahmen in privater Verantwortung (z. B. private Initiativen zur Stadtentwicklung nach § 171f BauGB),
- Erlass einer Erhaltungssatzung nach § 172 BauGB,
- Überführung der Sanierungsmaßnahme in ein anderes Städtebauförderungsprogramm (z. B. Programm Soziale Stadt, kommunales Förderprogramm),
- Entwicklung bzw. Fortsetzung tragfähiger Kooperations- und Netzwerkstrukturen (Runde Tische, Stadtteilkonferenzen, Bürgerforen).

42 Vgl. hierzu ausf. Mathony (2011), S. 257 ff.

43 Vgl. hierzu auch Mathony (2009), S. 253 sowie BMVBS (Hrsg.) (2011a), S. 143 f.

Insbesondere sollten zukünftige Anstrengungen darauf ausgerichtet sein, die im Zuge der Sanierungsdurchführung begonnenen Beteiligungsangebote zu verstetigen und gute Beispiele und Erfolge im Sinne einer „bürgerorientierten Kommune“ sichtbar zu machen. In vielen Programmgebieten der Städtebauförderung endet der Beteiligungsprozess regelmäßig mit der Aufhebung der förmlichen Gebietsfestsetzung.

VI. Handlungsempfehlungen für die Zukunft

Städtebauliche Sanierungsmaßnahmen haben sich über die Jahrzehnte als flexibles Instrument des besonderen Städtebaurechts bewährt. Aus den dargelegten Ausführungen lassen sich dennoch Erkenntnisse für die Fortentwicklung des Sanierungsrechts und der Sanierungspraxis gewinnen. Das Ergebnis sind strategische (Heraus-)Forderungen für eine zukunftsfähige Ausrichtung der Sanierungsmaßnahme, die die erfolgreiche Anwendung des Instrumentariums in der kommunalen Praxis weiter verbessern können. Zu nennen sind insbesondere nachfolgende Handlungsfelder:

1. Stärkung des gesamtstädtischen Planungsansatzes

Gesamtstädtische Entwicklungskonzepte stellen für die städtebauliche Sanierung eine unverzichtbare planerische Grundlage dar. Zu Recht sind mittlerweile zahlreiche Länder der Ansicht, dass sich die Erforderlichkeit der städtebaulichen Maßnahme aus den Zielsetzungen und Inhalten eines städtebaulichen Entwicklungskonzepts ableiten lassen muss. Nur dann ergibt sich die Aussicht auf eine Kofinanzierung durch Bundes- bzw. Landesmittel im Rahmen der Städtebauförderung.

Der Aufbau und Inhalt des städtebaulichen Entwicklungskonzepts, das auf einen Zeithorizont von zehn bis 15 Jahren ausgerichtet ist, ist im Wesentlichen abhängig von der Größe der Gemeinde, der Qualität der bereits vorhandenen Planungen, der Einwohner- und Wirtschaftsentwicklung, der Mitwirkungs- und Kooperationsbereitschaft der Akteure und der Komplexität der Problemlagen. Vor allem bei kleineren Gemeinden sind daher in der Regel nur entsprechend geringe Anforderungen an das Entwicklungskonzept zu stellen.

2. Klimaschutz als integrale Aufgabe der Sanierung

Städtische Strukturen müssen vor dem Hintergrund der schwindenden fossilen Energieträger und dem damit verbundenen Anstieg der Energiekosten energieeffizient an den Klimawandel angepasst werden. Zwar erfolgt die Festlegung von Klimaschutzzielen zumeist auf internationaler und nationaler Ebene, doch sind bei der Umsetzung dieser Ziele die Städte und Gemeinden im besonderen Maße gefragt. Im Zuge der energetischen Sanierung auf Stadt-, Stadtteil- und Quartiersebene geht es z. B. darum, Maßnahmen der Energieeinsparung in der Gebäudesanierung und im Neubau auf der Gebäudeebene durchzuführen, effizienzsteigernde Maßnahmen der zentralen Energieerzeugungs- und Versorgungsanlagen zu planen oder Verkehrsströme zu optimieren, auch unter Nutzung regenerativer Energien (Expertenkommission Stadt und Klima 2010, Difu 2011). Damit handelt es sich beim Klimaschutz wiederum um einen integrativen Planungsansatz, der sich auf unterschiedliche Themenfelder wie z. B. Arbeiten, Wohnen, soziale Infrastruktur, Ver- und Entsorgung sowie Verkehr bezieht und folglich bereits auf der (planerischen) Ebene der Vorbereitenden Untersuchungen ausreichend zu berücksichtigen ist.

3. Stärkung informeller Planungen und Beteiligungsformen

Aktuell vollzieht sich die Stadtentwicklungspolitik unter einer Veränderung der Kommunikationskultur zwischen Politik und Verwaltung einerseits sowie Eigentümern, Bewohnern und Geschäftsleuten andererseits. Stadtentwicklung ist damit eine Gemeinschaftsaufgabe, die nur dann erfolgreich umgesetzt werden kann, wenn private und öffentliche Akteure gemeinsam Verantwortung übernehmen und Engagement für die Städte und Gemeinden zeigen (Bundesregierung 2008).

Um hitzige stadtpolitische Auseinandersetzungen vermeiden zu können, bedarf es folglich auch im Zuge der städtebaulichen Sanierung einer erweiterten Bürgerbeteiligung und einer aktiveren, transparenteren Kommunikation zwischen den verschiedenen Akteursgruppen (Bürger, Stadtverwaltung, Wirtschaft). Hierzu muss Partizipation zunächst als ressortübergreifende Aufgabe in der Verwaltung verankert werden, mit der Zielsetzung, für das jeweilige Erneuerungsgebiet eine maßgeschneiderte Kooperations- und Beteiligungsform auszuwählen bzw. zu entwickeln. Neben den gesetzlich normierten Beteiligungsmöglichkeiten existiert mittlerweile eine Vielzahl an informellen Beteiligungsverfahren, die die Bürger vor Ort zur Mitwirkung an der Stadtentwicklung anregen sollen.

4. Einsatz hoheitlicher Instrumente im Umgang mit Schrottimmobilien

Die bestehenden Instrumente des Sanierungsrechts sind nicht ausreichend für die Fälle, in denen Eigentümer von verwahrlosten (Schlüssel-)Immobilien nicht willens oder in der Lage sind, die an ihre Immobilie gerichteten Anforderungen der Sanierungskonzeption zu erfüllen. Die praktische Einsetzbarkeit hoheitlicher Rechtsinstrumente könnte beispielsweise durch eine Weiterentwicklung des Rückbaugebots in § 179 BauGB verbessert werden, und zwar durch Verzicht auf die bestehende Planakzessorietät.[44] Des Weiteren begründet das Rückbaugebot lediglich eine Duldungspflicht des Eigentümers, während der Rückbau selbst von der Gemeinde durchzuführen und auch von der Gemeinde zu finanzieren ist. Vor diesem Hintergrund ist es denkbar, bei verwahrlosten Immobilien die Kosten des Rückbaus vermehrt den Eigentümern aufzuerlegen.

Ein anderer Ansatz liegt in der Fortentwicklung des Vorkaufsrechts zugunsten Dritter in § 27a BauGB, um diese Möglichkeit auch bei der Veräußerung von so genannten Schrottimmobilien generell nutzen zu können.

5. Evaluierung und Monitoring

Während die Evaluation integrierter Stadtentwicklungsprogramme auf Bundes- und Landesebene mittlerweile regelmäßig und systematisch durchgeführt wird,[45] so stellt auch das umfassende Monitoring und Evaluation der Sanierungsmaßnahmen auf der kommunalen Ebene ein Bedarfsfeld der Zukunft dar. Die Sanierungspraxis zeigt, dass weder zum Zeitpunkt der Vorbereitenden Untersuchungen noch in der laufenden Durchführung oder nach Abschluss der Sanierung besonders viel Wert auf die zielgerichtete Beobachtung von Sanierungsergebnissen und -wirkungen gelegt wird. Den Kommunen sollten daher Erfolgsindikatoren an die Hand gegeben werden, um die Sanierungsmaßnahme laufend oder zu definierten Zwischenschritten im Hinblick auf den Zielerreichungsgrad bewerten und ggf. nachsteuern zu können. Hierbei sollte auch die

44 Bislang war eine Abrissanordnung nur in Gebieten möglich, die innerhalb eines Bebauungsplans liegen. Die verwahrlosten und nicht mehr wirtschaftlich nutzbaren Immobilien befinden sich aber zumeist im nicht beplanten Innenbereich, vgl. auch BMVBS/BBSR (Hrsg.) (2009).

45 Rechtliche Grundlage für die Evaluierung der Städtebauförderung sind die in Artikel 104b Abs. 2 und 3 Grundgesetz formulierten Regelungen zur Überprüfung der Verwendung der Finanzhilfen sowie zur Berichterstattungspflicht gegenüber Bundestag, Bundesregierung und Bundesrat über die Durchführung der Maßnahmen.

Betrachtung der Folgekosten eine Rolle spielen, die sich Beispiel beim Bau einer Gemeinbedarfs- und Folgeeinrichtung für die Kommune ergeben.

Mit der Einführung neuer Programme könnte die Mittelvergabe an das Vorhandensein von Monitoring- und Evaluierungsansätzen geknüpft werden.

6. Weiterentwicklung der Städtebauförderung

Die Städtebauförderung als Gemeinschaftsaufgabe von Bund, Ländern und Kommunen ist in fast allen Fällen Voraussetzung für die Festlegung von städtebaulichen Sanierungsgebieten. Sie leistet damit nicht nur einen unverzichtbaren Beitrag zur Verbesserung der Struktur und Lebensbedingungen in den Kommunen, sondern sichert in erheblichem Umfang Aufträge und Beschäftigung, vor allem im örtlichen Handwerk und Baugewerbe. Gemäß aktuellen Untersuchungen führt sie damit zu starken Impulsen in den Städten und Gemeinden und damit auch zu hohen Anstoßwirkungen für private und öffentliche Bauinvestitionen.[46]

Vor diesem Hintergrund und der aktuellen Finanznot zahlreicher Kommunen sind die Pläne des Bundes mit großer Sorge zu betrachten, die Städtebaufördermittel erheblich zu kürzen. Die geplante, erneute Reduzierung der Bundesfinanzhilfen von ehemals 569 Mio. € in 2009 auf voraussichtlich nur noch 410 Mio. € für 2012 lässt vermuten, dass zahlreiche städtebauliche Sanierungen nicht mehr durchgeführt werden können.

Will die Städtebauförderung weiterhin einen bedeutenden Beitrag zur städtebaulichen Erneuerung der Städte und Gemeinden leisten, so muss sie gerade im Zuge dieser fortwährenden Kürzungsdebatte den gesellschaftlichen Dialog suchen und die Sinnhaftigkeit des Förderinstrumentariums noch besser verdeutlichen. Auf der anderen Seite muss sich die Städtebauförderung auf breiter Basis flexibel weiterentwickeln. Als inhaltliche Eckpunkte der zukünftigen Ausrichtung sind die bereits erwähnte Akzentuierung in den Bereichen Energieeffizienz und Klimaschutz zu nennen, aber auch die Stärkung der Teilhabe der Bevölkerung an den Maßnahmen der städtebaulichen Erneuerung. Im Sinne eines urban-governance-Ansatzes können durch eine intensive Einbindung und Vernetzung der lokalen Akteure die unterschiedlichen Interessen koordiniert, Eigeninitiative der Privaten geweckt und in vielen Fällen auch eine finanzielle

46 Vgl. Hochschule für Technik der Universität Stuttgart (Hrsg.) (2011). Allein die bisher in Baden-Württemberg eingesetzten Städtebaufördermittel in Höhe von rund 6,18 Milliarden € (1971 bis einschließlich Programmjahr 2011, davon rund 5,08 Milliarden € Landesfinanzhilfen und rund 1,09 Milliarden € Bundesfinanzhilfen) haben im Bundesland zu Folgeinvestitionen von etwa 49,4 Milliarden € geführt.

Beteiligung erreicht werden (z. B. mit Hilfe von Verfügungsfonds, Eigentümerstandortgemeinschaften, lokalen Partnerschaften). Andererseits müssen aber auch die landesgesetzlichen Möglichkeiten ausgeschöpft werden, die Fördervoraussetzungen an besonders finanzschwache Kommunen anzupassen. Nur dadurch wird die Abwärtsspirale der „ärmeren" Kommunen nicht noch weiter verschärft.

Literaturquellen:

Battis, Ulrich/Krautzberger, Michael/Löhr, Rolf-Peter (2009): Baugesetzbuch, 11. Aufl.

Bundesministerium für Verkehr, Bau und Stadtentwicklung (BMVBS) (Hrsg.) (2011a): Sanierungsmaßnahmen in unseren Städten und Gemeinden.

BMVBS (Hrsg.) (2011b): Handlungsleitfaden zur Energetischen Stadterneuerung.

BMVBS/Bundesinstitut für Bau-, Stadt- und Raumforschung (BBSR) (Hrsg.) (2009): Leitfaden zum Einsatz von Rechtsinstrumenten beim Umgang mit verwahrlosten Immobilien („Schrottimmobilien"), Werkstatt: Praxis Heft 65.

Bundesregierung (Hrsg.) (2008): Stadtentwicklungsbericht 2008. Neue urbane Lebens- und Handlungsräume.

Deutsches Institut für Urbanistik (Difu) (Hrsg.) (2011): Klimaschutz in Kommunen, Praxisleitfaden.

Ernst, Werner/Zinkahn, Willy/Bielenberg, Walter/Krautzberger, Michael: Baugesetzbuch, Kommentar, Loseblatt (Stand: 100. Ergänzungslieferung 2011).

Expertenkommission Stadt und Klima (Hrsg.) (2010): Positionspapier Stadt und Klima für die Kommunen Baden-Württembergs, eine Initiative der STEG Stadtentwicklung GmbH, Stuttgart im Rahmen der Vereinsarbeit im Energetikom e.V., Ludwigsburg.

Feiertag, Patricia; Müller, Anja (2011): Kommunale Armut und Städtebauförderung, in: Planerin Heft 4/2011, S. 15 ff.

Friesecke, Frank (2008): Stadtumbau im Konsens!? – Zur Leistungsfähigkeit und Fortentwicklung des städtebaulichen Instrumentariums unter Schrumpfungsbedingungen, Schriftenreihe des Instituts für Geodäsie und Geoinformation der Rheinischen Friedrich-Wilhelms-Universität Bonn, Nr. 13 (Dissertation).

Haag, Theodor/Menzel, Petra/Katz, Jürgen (2007): Städtebauliche Sanierungs- und Entwicklungsmaßnahmen. Ein Handbuch für die Praxis mit zahlreichen Mustern, Beispielen, Schemata und Übersichten.

Hochschule für Technik der Universität Stuttgart (Hrsg.) (2011): Multiplikatorenwirkung der Städtebauförderung in Baden-Württemberg.
Koalitionsvertrag zwischen Bündnis 90/ Die Grünen und der SPD Baden-Württemberg „Der Wechsel beginnt" vom 27.4.2011 (Datum der Veröffentlichung).
Mathony, Karl Heinz (2009): Von der Sanierungssatzung zum Ausgleichsbetrag. Handbuch für die kommunale Praxis.
Mathony, Karl Heinz (2011): Der kostenorientierte Ausgleichsbetrag nach § 154 Abs. 2a BauGB, in: Grundstückmarkt und Grundstückswert, Heft 5/2011, S. 257 ff.
Mitschang, Stephan (2010): Die Umsetzung klimaschützender und energieeinsparungsbezogener Anforderungen in der Bauleitplanung und im besonderen Städtebaurecht – Sachstand und Perspektiven, in: ZfBR 2010, S. 534 ff.
Söfker, Wilhelm (2011): Das Gesetz zur Förderung des Klimaschutzes bei der Entwicklung in den Städten und Gemeinden, ZfBR 2011, S. 541 ff.
Städtebau-Institut der Universität Stuttgart (Hrsg.) (2010): Lehrbausteine Städtebau. Basiswissen für Entwurf und Planung, 6. Auflage.
Wirtschaftsministerium Baden-Württemberg (Hrsg.) (2002): Arbeitshilfe für städtebauliche Sanierungsmaßnahmen nach dem BauGB.

Stadtumbau – Eine Alternative zur städtebaulichen Sanierung?

*Prof. Dr.-Ing. Sabine Baumgart**

I. Die Förderprogramme Stadtumbau Ost und Stadtumbau West

II. Dynamische Nutzungsanforderungen und ihre Konzeptualisierung: der Umgang mit Zwischennutzungen

III. Aktuelle Aufgaben bei der Behebung städtebaulicher Problemlagen

IV. Rahmenbedingungen des Verwaltungshandelns im Stadtumbau – stadtgrößenspezifische Unterschiede

V. Resümee: Stadtumbau als eine Ergänzung der städtebaulichen Sanierung

Stadtumbau ist Teil der Stadtentwicklungsplanung und soll der Anpassung baulicher und infrastruktureller Anlagen an aktuelle demographische Entwicklungen dienen. Diese sind sowohl durch quantitative Bevölkerungsrückgänge als auch ökonomische Strukturveränderungen gekennzeichnet. In den letzten beiden Jahrzehnten seit der Wiedervereinigung Deutschlands wird der seit den 1970er-Jahren eingeleitete wirtschaftliche Strukturwandel noch verstärkt durch demographische Veränderungen in Form von arbeitsplatzinduzierten Wanderungsbewegungen und natürlichem Bevölkerungsrückgang. Beides wirkt sich teilräumlich sowohl auf regionaler als auch auf stadträumlicher Ebene sehr unterschiedlich aus und führt zu heterogenen räumlichen Kontexten und Lagemerkmalen. Lösungen im Sinne des verfassungsrechtlich garantierten Leitbildes gleichwertiger Lebensverhältnisse sind somit zu einer Aufgabe gemeindlicher Entwicklungsplanungen geworden.

In dem Beitrag werden zunächst die beiden Programme Stadtumbau Ost und Stadtumbau West als Teil der Städtebauförderung mit ihren gesetzlichen

* Dr.-Ing., Architektin, Städtebauassessorin, Univ.-Professorin für Stadt- und Regionalplanung an der Fakultät Raumplanung, Technische Universität Dortmund.

Grundlagen und Rahmenbedingungen vorgestellt. In einem zweiten Abschnitt werden die dynamischen Nutzungsanforderungen im Rahmen aktueller Aufgaben des Stadtumbaus im demographischen Wandel und Konzeptualisierung von Informalität am Beispiel von Zwischennutzungen thematisiert. Weiterhin werden neue Themen und aktuelle Aufgaben bei der Behebung städtebaulicher Problemlagen angesprochen; abschließend werden die administrativen Rahmenbedingungen des Verwaltungshandelns im Stadtumbau in Bezug auf stadtgrößenspezifische Unterschiede hervorgehoben und ein Resümee gezogen.

I. Die Förderprogramme Stadtumbau Ost und Stadtumbau West

Stadterneuerung als Teil der Stadtentwicklung ist keine neue Aufgabe, sondern kann von unterschiedlichen Entwicklungsschüben initiiert und begleitet als permanente Herausforderung für die Stadtgesellschaft verstanden werden. Mit der im Baugesetzbuch (BauGB) § 171 a–d gegebenen Legaldefinitionen zum Stadtumbau und dessen Maßnahmen wird das Anpassungserfordernis räumlicher Strukturen als gesetzliche Grundlage umrissen. Mit der Auflage der Programme Stadtumbau Ost im Jahr 2001 und Stadtumbau West 2004 wurde dies im Rahmen der Städtebauförderung präzisiert.[1] „Stadtumbaumaßnahmen sind Maßnahmen, durch die in von erheblichen städtebaulichen Funktionsverlusten betroffenen Gebieten Anpassungen zur Herstellung nachhaltiger städtebaulicher Strukturen vorgenommen werden. Erhebliche städtebauliche Funktionsverluste liegen insbesondere vor, wenn ein dauerhaftes Überangebot an baulichen Anlagen für bestimmte Nutzungen, namentlich für Wohnzwecke, besteht oder zu erwarten ist oder wenn die allgemeinen Anforderungen an den Klimaschutz und die Klimaanpassung nicht erfüllt werden.“ (§ 171a Abs. 2)

Mit dieser Vielfalt an Handlungsfeldern und Maßnahmen unterscheidet sich der Stadtumbau von der städtebaulichen Sanierung, geregelt im Sanierungsrecht in den §§ 136–64b Baugesetzbuch, die auf die Behebung städtebaulicher Missstände in einem definierten Gebiet mit „qualifiziertem städtebaulichen Handlungsbedarf ... der aus Gründen des öffentlichen Interesses ein planmäßiges und aufeinander abgestimmtes Vorgehen erfordert. Städtebauliche Sanierungsmaßnahmen sind durch ein Bündel von Problemen und Lösungsansätzen gekennzeichnet, die einer einheitlichen Vorbereitung und Durchführung bedür-

1 Vgl. Altrock, Stadtumbau, in Heckel, et al, Planen-Bauen-Umwelt, 2010, 503 ff.

fen“ [2]. Zudem sind die Förmlichkeit der Verfahren und die Rechtswirkungen der Sanierungssatzung innerhalb eines viel stärker geregelten rechtlichen und institutionellen Kontextes, als dies im Stadtumbau der Fall ist, angesiedelt.

Altrock fasst die Aufgabe dahingehend zusammen, dass es sich nicht nur um punktuelle Aufgaben handelt, sondern um größere Maßnahmen, die an grundlegenden Veränderungserfordernissen ansetzen und der öffentlichen Unterstützung bedürfen. Es geht um die Gestaltung von Schrumpfungsprozessen, Alterung und Vielfalt (Stichworte: weniger, älter, bunter) auf der kommunalen Ebene und damit nicht zuletzt um Stadtentwicklung als Gemeinschaftsaufgabe mit Blick auf die Gleichwertigkeit der Lebensverhältnisse. Im Mittelpunkt steht dementsprechend das Wohl der Allgemeinheit (§ 171a Abs. 3 BauGB), auf das materielle öffentliche und private Zielsetzungen ebenso wie instrumentelle Vorgaben für die Erstellung eines städtebaulichen Entwicklungskonzepts (§ 171b BauGB) im Abwägungsprozess bezogen sind. Gleichzeitig gilt der Stadtumbauvertrag gemäß § 171c BauGB als zentrales bewährtes Instrument konsensualer Vereinbarungen zwischen der Gemeinde und den beteiligten Eigentümern.[3]

Den Gemeinden kommt als Aufgabenträger somit die Verantwortung zu, Prozesse der wirtschaftlichen und demographischen Veränderungen mit Blick auf die Immobilien- und Infrastrukturentwicklung aktiv zu gestalten. In Ostdeutschland bestand die Notwendigkeit der Anpassung der Wohnungsbestände als Auslöser für die Bereinigung von Wohnungsmärkten. Der Abriss von Wohnungen wurde im Rahmen integrierter Stadtentwicklungskonzepte mit räumlichen Schwerpunkten für den auf definierten Kriterien basierenden Rückbau ausgehandelt. Mit dem großflächigem Abriss (Plattenbauten) waren nicht nur soziale Probleme der dort Verbliebenen entstanden,[4] sondern auch technische Probleme bei der Ver- und v.a. Entsorgung.[5] Anders das Programm Stadtumbau West, das als Weiterentwicklung von Wohnungsbeständen der Nachkriegszeit und deren Aufwertung ausgestaltet wurde.

Die Zielsetzung des Programmeinsatzes erscheint nicht eindeutig: Handelt es sich um Stadtumbau als reinen Rückbau ohne zumindest eine teilweise Aufwertung der Bausubstanz oder um eine Aufwertung der Freiräume durch Abriss von Bausubstanz oder gar durch Rücknahme von planungsrechtlicher

2 Krautzberger, Städtebauliche Sanierungsmaßnahmen, Heckel et al, Planen-Bauen-Umwelt, 2010, 454.

3 Vgl. Bundesamt für Bauwesen und Raumordnung (BBR) (Hg.), Stadtumbau West. Stadtumbau in 16 Pilotstädten – Bilanz im ExWoSt-Forschungsfeld Stadtumbau West, 2008.

4 Altrock, a.a.O.

5 Westphal, Dichte und Schrumpfung. Kriterien zur Bestimmung angemessener Dichten in Wohnquartieren schrumpfender Städte aus Sicht der stadttechnischen Infrastruktur, IÖR Schriften, Band 49, 2008.

Bebaubarkeit, beispielsweise in peripheren Lagen? Oder geht es um Strategien einer revitalisierenden Stadterneuerung in zentralen Lagen und Ortsmitten im Rahmen pro-aktiver Innenentwicklung?[6] Auf der Grundlage eines integrierten Stadtentwicklungskonzepts sollen die unterschiedlichen Maßnahmen „aus verschiedenen Förderprogrammen (Stadtumbau, Soziale Stadt, Sanierung, Städtebaulicher Denkmalschutz)" zusammengeführt werden.[7]

Zusammenfassend lassen sich als wesentliche Erfahrungen aus dem Stadtumbau Ost und Stadtumbau West materielle Zielkonflikte zwischen energetischer Sanierung und Stadtbild, Art und Umfang des Wohnungsrückbaus erkennen. Ebenso kristallisieren sich strategische Themen, wie Leerstands- und Altbaumanagement und die problematische Eigentümeraktivierung heraus.[8] Betrachtet man die Akteure und deren Konstellationen, zeigen sich die bekannten Hemmnisse bei der schwierigen Aktivierung von Einzeleigentümern. Chancen werden in den Impulswirkungen für Planungsverfahren und der Kooperationskultur in unterschiedlichen Akteursarrangements gesehen.[9] Der Imagewandel in Problemquartieren wird vielerorts eingeleitet und durch Projekte sichtbar beschrieben.[10] Unter strategischen Gesichtspunkten kristallisieren sich folgende Schwerpunkte heraus:

- Rückbau des Wohnungsbestands,
- Sicherung von Altbaubeständen, insbesondere Stadtbild prägenden Immobilien,
- Stabilisierung des Wohnumfelds und der Stadtteil-/Quartierszentren,
- Aufwertung der Innenstadt, des öffentlichen Raums und von Freiflächen,
- Anpassung der sozialen und technischen Infrastruktur,
- Prävention gegenüber Funktionsverlusten und
- soziale Motivierung und Begleitung von Akteuren.[11]

6 Strauß, Keine Aufwertung im Stadtumbau, PlanerIn, Heft 2, 2010, 8 (8–10).

7 Strauß, Keine Aufwertung im Stadtumbau, PlanerIn, Heft 2, 2010, 8, (9).

8 Vgl. Bundesministerium für Verkehr, Bau und Stadtentwicklung (BMVBS) (Hg.), 4. Statusbericht. Stadtumbau vor neuen Herausforderungen, 2010.

9 Kamp-Murböck/Schäfer, Wie die Prinzipien des Stadtumbaus Einzug in die Praxis halten, Informationen zur Raumentwicklung, Heft 7, 2009, Bundesinstitut für Bau-, Stadt- und Raumforschung (BBSR) im Bundesamt für Bauwesen und Raumordnung (BBR, Hg.).

10 Vgl. BMVBS, a.a.O.

11 Vgl. BMVBS, a.a.O.

Aus planerischer Perspektive wurde die räumliche und soziale Dichte als raumbezogene Handlungsgröße insbesondere in solchen ostdeutschen Städten, die seit 1989 von Schrumpfungsprozessen durch Bevölkerungsverluste und einer starken Ausdünnung der Siedlungsstruktur gekennzeichnet sind, zu einem zentralen Thema. Denn Bebauungs- und Einwohnerdichten sind relevante Maße zum Bau oder Rückbau von sozialer und technischer Infrastruktur – Trinkwasserver- und Abwasserentsorgung sowie der Fernwärmeversorgung – mit der Notwendigkeit, quantitative und qualitative Kriterien im Rahmen einer koordinierten Stadtumbau- und Infrastrukturplanung im Rahmen des Stadtumbaus zu definieren.[12]

Darüber hinaus trägt Stadtumbau aus strategischer Perspektive zur Brachflächenrevitalisierung und Wiedernutzung und damit der Wiederbelebung im Kontext umfassender Strategien bei, wie sie im Rahmen von Forschungsprogrammen wie Experimenteller Wohnungs- und Städtebau (ExWoSt), Reduzierung der Flächeninanspruchnahme (Refina des BMBF) und insbesondere im Flächenkreislauf strategisch angestrebt werden. Spätestens seit der Leipzig Charta 2007 steht mit dem Bekenntnis zur europäischen Stadt die Revitalisierung der Stadtzentren und die sozialräumliche Stabilisierung von Wohnquartieren im Zentrum der Entwicklung und Sicherung nachhaltiger städtebaulicher Strukturen in einer von umfassender Dynamik gekennzeichneten Zeit.

Mit seiner Orientierung auf den baulichen Bestand ist es die Aufgabe des Stadtumbaus, Gestaltqualität und Baukultur als physisch wahrnehmbare Phänomene zu sichern oder durch ihren Rückbau zu einer qualitativen räumlichen Aufwertung in Form von Freiräumen beizutragen. Dabei wird sowohl die Qualifizierung und Stärkung von Ortsmitten und Zentren angestrebt, aber auch der Fokus auf vernachlässigte öffentliche Räume, Infrastruktur und brach gefallene private Freiflächen in Stadtquartieren, wo Leere und soziale Depression vorzuherrschen drohen, gelegt.

Die wahrnehmbare räumliche und damit einhergehende soziale Polarisierung der Stadt erfordert Strategien zur sozialen Stabilisierung, technischen Funktionsfähigkeit und nicht zuletzt zur räumlichen Integration unterschiedlicher Bevölkerungsgruppen, z. B. über den öffentlichen Raum und soziale Infrastruktur. Angesichts von Leerständen in Gebäuden und auf Freiflächen ist die Identifikation und Mobilisierung von Privateigentümern, die kooperationswillig und -fähig sind, von zentraler Bedeutung für die auf Konsens abzielenden Regelun-

12 Westphal, Dichte und Schrumpfung. Kriterien zur Bestimmung angemessener Dichten in Wohnquartieren schrumpfender Städte aus Sicht der stadttechnischen Infrastruktur, IÖR Schriften, Band 49, 2008.

gen. Diese sind für die Suche und Etablierung von neuen Nutzungen für nicht mehr bedarfsgerechte bauliche Anlagen von hoher Bedeutung.[13] Bei unklaren Entwicklungsperspektiven spielen Mehrfach- und Zwischennutzungen in den letzten Jahren eine zunehmend den Städtebauprozess fördernde Rolle, die auch als explizit aufzugreifender Fördertatbestand hervorgehoben wird.[14]

II. Dynamische Nutzungsanforderungen und ihre Konzeptualisierung: der Umgang mit Zwischennutzungen

Aktuelle Stadtbausteine im Stadtumbau sind temporäre Nutzungen, verortet zwischen Sanierung und Sicherung des baulichen Bestands. Sie adressieren brach gefallene, industriell determinierte Flächen, Gebäude und Infrastrukturen der postindustriellen Stadt, für die sich neue Nutzungen der Dienstleistungsgesellschaft anbieten oder solche gesucht werden müssen. Die mit ihnen verbundenen Investitionen verbessern den Bestand und bieten das Potenzial, einen Aufwertungsprozess dieser Quartiere mit einer erhöhten Nachfrage nach Flächen zum Wohnen und Arbeiten einzuleiten. Das Erzeugen neuer Ideen, neuer Images und Impulse für den Standort in planerische Strategien zu integrieren, streben Stadtplanung und auch Wirtschaftsförderung an, denn Zwischennutzungen können innovative neue Nutzungsangebote darstellen und neues Leben in alte Gemäuer und auf brach gefallenen Flächen einziehen lassen. Sie können als Pioniere und Katalysatoren Revitalisierungsstrategien für Standorte und Quartiere unterstützen, wenn sie an bestehenden Nutzungsangeboten anknüpfen, in soziale Nachbarschaft eingebunden und von Vertrauen und Kooperation getragen werden.

Ein breites Spektrum nach Arten von Zwischennutzungen lässt sich inzwischen in den Bereichen Gewerbe, Kunst/Kultur, Wohnen, Freizeit, Sport und Gastronomie sowie Grünflächen differenzieren.[15] Bei den Standorten handelt es sich um solche, deren Nutzungsperspektiven unklar sind. Dazu zählen Konversionsstandorte wie Kasernengelände, aber auch Industriebrachen, Infrastruktur- und Reserveflächen sowie Stadtentwicklungsflächen. Mit Blick auf die Förder-

13 Goldschmidt/Taubeneck, Stadtumbau. Rechtsfragen – Management – Finanzierung, 2010, 34.

14 Bundesamt für Bauwesen und Raumordnung (BBR) (Hg.), Stadtumbau West. Stadtumbau in 16 Pilotstädten – Bilanz im ExWoSt-Forschungsfeld Stadtumbau West, 2008, 114.

15 Vgl. BMVBS, a.a.O.

kulisse des Stadtumbaus sind dies auch Rückbaugrundstücke und Baulücken, Ladenlokale und insgesamt Gebäudeleerstände.[16]

Die Nutzung des Bestands für sich wandelnde Nutzungsanforderungen kann ein geeigneter Beitrag zur Vorbereitung eines geplanten langfristigen Nutzungsspektrums und damit Baustein für ein stabiles und auf lange Zeit tragfähiges Quartier darstellen. Diese Aktions- und Experimentierräume, oftmals für kulturelle, stadtteilbezogene Aktivitäten, sind gleichzeitig ein Beitrag zur Sicherung vorhandener Gebäudesubstanz und weiterer drittverwendungsorientierter Investitionen, die teilweise nicht nur anfallende Betriebs- und Verkehrssicherungskosten für den Eigentümer, sondern auch laufende Mieteinnahmen sicherstellen.

Aus Sicht der Zwischennutzer liegen die Vorteile in günstigen und kurzfristig zur Verfügung stehenden Flächen oder Gebäuden, die sie mit relativ wenig bürokratischen Auflagen für einen definierten Zeitraum nutzen können. Durch kurze, flexible Nutzungsvereinbarungen zwischen Eigentümer, Zwischennutzer in Abstimmung mit der Stadt wird die planerische Einflussnahme auf die Gestaltung des Stadtteils und die politische Einflussnahme auf Nutzung und Gestaltung der Immobilie gesichert. Dies ist meist nicht ohne eine finanzielle Unterstützung durch den Einsatz von Fördermitteln möglich.

Die Stadt verfolgt dabei ihre Ziele der Beseitigung von „Nicht-Orten", Belebung von Entwicklungsgebieten und funktionsschwachen Quartieren. Das durch diese temporäre Aufwertung verbesserte Image ermöglicht die Erprobung verschiedener Nutzungsformen, während dieses Freihalten von Flächen eine flexible Aktivierung von Bauland bei entsprechender Nachfrage ermöglicht, aber auch zukünftige Nutzungsoptionen offenlässt. Als Qualitätssicherung für die Zukunft durch private Aneignung verwalteter oder akteursloser Immobilien können beispielsweise die so genannten Wächterhäuser in Leipzig gelten, bei denen neue nicht staatliche, aber organisierte Akteure[17] gesellschaftsorientierte Ziele verfolgen.

Der Bekanntmachung der Immobilie bzw. des Grundstücks und der Aufwertung der Brachfläche mit der Zielsetzung besserer Vermarktungschancen stehen Probleme und Hemmnisse in der Praxis in Bezug gegenüber. Dies sind die Angst vor Verstetigung, nicht genehmigte oder genehmigungsfähige Zwischennutzungen und der damit verbundene Aufwand, aber auch oftmals die zu hohen Renditeerwartungen der Eigentümer, deren Erreichbarkeit angesichts globalisierter

16 Vgl. BMVBS, a.a.O.

17 Goldschmidt/Taubeneck, Stadtumbau. Rechtsfragen – Management – Finanzierung, 2010, 42–44.

Eigentümerstrukturen zudem oftmals eingeschränkt ist. Dieser Umstand ist aus der Praxis im Umgang mit so genannten Schrottimmobilien im Stadtumbau hinlänglich bekannt.

Fasst man temporäre Nutzungen als eine Neu-Interpretation von Standorten auf, bedeutet dies aus stadtplanerischer Perspektive die Erprobung neuer Nutzungen auf bisher nicht erkannten Frei-Räumen, die an vermissten Gebrauchswerten ansetzen und zur innovativen Werterhaltung beitragen. Als Lösungskonzepte in der Praxis, u. a. im Stadtumbau, hat sich der strategische Einsatz für Standortentwicklung im Rahmen der Innenentwicklung in Form von Imagewerbung und Standort- bzw. Nutzungserprobung bewährt.

Planungsrechtliche Hemmnisse wurden dahingehend ausgeräumt, in dem die Duldung und damit verbunden die Befreiung von den Festsetzungen des Bebauungsplans (gemäß § 31 Abs. 2 BauGB) geprüft wurde. Auch mit der Erweiterung des Katalogs von § 9 BauGB 2007 in Form des „Baurecht auf Zeit" (§ 9 Abs. 2 BauGB) wurden neben dem Einsatz eines einfachen Bebauungsplans oder der Umsetzung im unbeplanten Innenbereich (gemäß § 34 BauGB) tragfähige Lösungen gefunden.[18] Darüber hinaus können die Regelungen zwischen der Stadt und dem Eigentümer mit einem städtebaulichem Vertrag als Stadtumbauvertrag (§ 171c BauGB) getroffen werden. Auf der Grundlage der öffentlich-rechtlichen Gestattungsvereinbarung werden beispielsweise in Leipzig ungenutzte Grundstücke in den Stadterneuerungsgebieten einer öffentlichen Nutzung zugeführt. Inzwischen liegen umfangreiche Erfahrungen mit rechtlichen und vertraglichen Lösungen sowie kreative Finanzkonzepte dokumentiert vor. Während sich als vertragliche Regelungen zwischen Eigentümer und (Zwischen-)Nutzer Gestattungsvereinbarungen, teilweise auch verknüpft mit einer notariellen Räumungsvereinbarung zur Sicherstellung der Beendigung der Zwischennutzung, bewährt haben. Wenn privatrechtliche Nutzungsvereinbarungen zunehmend wichtiger werden, übernimmt die öffentliche Hand nur eine Berater- und Vermittlerrolle und die Flächeneigentümer schließen individuelle Verträge mit den Zwischennutzern. Inwieweit diese als genehmigungsrechtlich relevante Nutzungsänderung zu beurteilen sind, hängt jeweils vom Einzelfall ab.[19]

Insgesamt kann man festhalten, dass sich die Akzeptanz von solchen flexiblen Lösungsansätzen wie Zwischennutzungen sowohl durch Eigentümer als auch durch die Verwaltung und Politik erhöht, nicht zuletzt durch deren Aufnahme in das gesetzliche Instrumentarium. Sicher trägt aber auch die Professionalisie-

18 Vgl. BMVBS, a.a.O.

19 Goldschmidt/Taubenek, ebd., 442–443.

rung unterschiedlicher Akteure – Vereine, Agenturen, Verwaltungsdienststellen – dazu bei, ebenso wie die Kopplung unterschiedlicher Fördermittel, deren Einsatz allerdings zukünftig noch begrenzter sein dürfte. Vor diesem Hintergrund kann man davon ausgehen, dass die aufgezeigten Erfahrungen mit Konzepten und Projekten, die von öffentlicher und privater Seite gemeinsam getragen sind, noch an Bedeutung bei der Umsetzung von Maßnahmen im Stadtumbau gewinnen werden. Dazu tragen auch die Erfahrungen aus den Konzepten und Maßnahmen im Stadtumbau bei, denn die auf Konsens zielende kommunikative Vermittlung der eigenen Interessenlage ist verbunden mit Transparenz und dem Bestreben nach gegenseitiger Verlässlichkeit.

Stadtumbau setzt sich dem Umgang mit den räumlichen Auswirkungen von Leere in der Stadt aus. Die Besetzung leerer Stadträume ist ein „geeigneter Test für unterschiedliche Rationalitäten"[20] aus vielfältigen Perspektiven und als Teil sozialer Konstruktionen für die Neugestaltung von physischen und sozialen Räumen. Davy geht davon aus, dass daraus „Möglichkeitsräume" entstehen, die ein „Möglichkeitsmanagement" erfordern.[21] Dies mag die informellen Prozesse und Instrumente begründen, die dazu beitragen, die Stadt als Akteurskraftfeld zu organisieren, in dem informelle und damit flexiblere Konzepte an Bedeutung gewinnen, um auf diese Dynamik reagieren bzw. diese positiven Energien aufgreifen und für die Stadtentwicklung nutzbar gestalten zu können.

III. Aktuelle Aufgaben bei der Behebung städtebaulicher Problemlagen

Städtische Transformationsprozesse erfordern neue inhaltlich innovative programmatische Konzepte, die durch den Stadtumbau unterstützt werden, und zwar auf materieller Ebene wie auch in strategischer Hinsicht. Dies spiegelt sich im Umgang mit Nutzungskonkurrenzen, dem Einsatz von strategischen Instrumenten und Indikatoren zur Raumbeobachtung wider.

Stadtumbau beinhaltet die Entwicklung öffentlicher Räume – als gebauter Raum oder frei- und naturräumlich geprägt. Aktuell werden wieder Fragen der angemessenen städtebaulichen Dichte diskutiert; sie haben angesichts der Diskussion um Konzepte zur Klimaanpassung einen hohen Stellenwert erlangt. Die Vermeidung bzw. Reduzierung von Hitzeinseln und Hitzestress kann dem

20 Davy, Raumplanung ohne Präservativ, PND, Ausgabe I, 2007,(4), www.planung-neu-denken.de.

21 Davy, Raumplanung ohne Präservativ, PND, Ausgabe I, 2007, (11), www.planung-neu-denken.de.

Leitbild der kompakten Stadt mit hoher Dichte entgegenstehen und erfordert eine intensive Auseinandersetzung mit den mikroklimatischen Bedingungen und Zielsetzungen für die Stadtumbauquartiere im Kontext demographisch bedingter Alterungsprozesse.

Die Aufwertung des Wohnumfelds, beispielsweise durch Nahrungsmittel- und Pflanzenanbau innerhalb gebauter Quartiere („Urban Gardening") oder sogar durch die Anpflanzung von Energiepflanzen in Form von Kurzumtriebsplantagen auf innerstädtischen Brachflächen, dient der nahräumlichen Freiraumqualität für eine noch wenig mobile junge und für eine nicht mehr mobile alternde Bevölkerung, bedarf aber der sorgfältigen Abwägung mit der Auslastung und Tragfähigkeit der sozialen und technischen Infrastruktur. Die Verknüpfung von Stadtumbau und Klimaverträglichkeit wird explizit hervorgehoben (vgl. § 171a BauGB).

Die Wertentwicklung von Immobilien in teilräumlich problematischen Stadtquartieren führt zu selbstverstärkenden Negativ-Effekten der Werthaltigkeit sowohl der einzelnen Immobilien, aber auch des gesamten Quartiers. So wurde beispielsweise für Dortmund festgestellt, dass sich die in Zwangsversteigerung befindlichen Objekte in bestimmten Stadtquartieren, nicht nur im Stadtumbau, konzentrieren, in den Jahren 2002 und 2006 mit zunehmender Tendenz.[22] Sie dienen der Anzeige von Marktungleichgewichten und Problemen auf den Wohnungsteilmärkten, einhergehend mit dem Werteverfall dieser Objekte und sind damit Ausdruck einer Nachfrageschwäche bis hin zum vollständigen Wertverlust, wie in einigen Quartieren und Regionen Ostdeutschlands. Zwangsversteigerungsverfahren werden zu Auffangbecken für nicht mehr marktfähige Objekte, die in räumlicher Konzentration und in Verbindung mit anderen Indikatoren wie Leerständen den Ausgangspunkt für erforderliche Interventionen im Rahmen des Stadtumbaus bilden. Inzwischen sind Zwangsversteigerungen in Dortmund ein Indikator in der jährlichen Wohnungsmarktberichterstattung geworden.[23]

Bezieht man die ISEKs auf die Stadtteilebene, wie dies beispielsweise im Stadtumbau in Lübeck erfolgte, so ermöglichen sie es „den Akteuren und Bürgern, ihre Belange deutlicher zu erkennen und zu benennen".[24] Stadtumbau wird als Teil der Stadtentwicklung verstanden und strategisch in diese eingebunden.

22 Baumgart/Overhageböck, Zwangsversteigerungen in der Wohnungsmarktberichterstattung. Das Beispiel der Stadt Dortmund. Endbericht einer explorativen Studie, SRPapers, Nr. 3, 2008, Dortmund (Online-Veröffentlichung, Download unter: http://hdl.handle.net/2003/25069).

23 Stadt Dortmund, Amt für Wohnungswesen, Wohnungsmarktberichterstattung 2010, 2010.

24 Jahn, Stadtentwicklung als bürgerschaftliche Aufgabe, PlanerIn 2010, 29–32 (29).

„Das informelle Planungsinstrument ISEK, beschlossen durch die „Bürgerschaft“, entfaltet einen verbindlichen Handlungsrahmen ohne Festschreibung, soweit sich alle daran halten. Durch den im Konsens breiter Beteiligung erarbeiteten Rahmen lässt sich die weitere Arbeit der Verwaltung, der Politik, jedoch auch aller anderen Akteure begründen, sie ist quasi „vorabgestimmt“. Eine regelmäßige Diskussion über die Weiterarbeit, Präzisierung und Umsetzung muss jedoch gewährleistet sein“.[25]

Der öffentliche Diskurs über materielle Planungsziele hat in der letzten Zeit an Bedeutung gewonnen, insbesondere im Zusammenhang mit der Entwicklung von (Groß-)Infrastruktur. Dies kann strategisch auch im Stadtumbau die Rolle sektoraler informeller Gutachten stärken, deren Inhalte als zu berücksichtigende Belange in die formellen Planverfahren und die damit verbundenen Abwägungsprozesse eingestellt werden. Damit können Zielkongruenzen und Zielkonflikte sowohl innerhalb dieser Fachpläne als auch in ihrer Wirkung auf andere sektorale oder integrierende Planwerke frühzeitig abgestimmt und Zielkonflikte für die Abwägung offen gelegt werden. Damit leisten informelle Fachpläne einen gebündelten, transparenten sektoralen Beitrag für die fachliche und politische Diskussion zur räumlichen Entwicklung in der Öffentlichkeit, wie er inzwischen im Rahmen von Fachplanungen „Kultur“ oder auch „Spielleitplanung“ erprobt ist und derzeit als Fachplan „Gesundheit“ in Nordrhein-Westfalen entwickelt wird.

Die für die Inanspruchnahme von Stadtumbaumitteln erforderlichen so genannten Integrierten Stadtentwicklungskonzepte (ISEK) dienen nicht nur der Bündelung von Ressourcen, sondern auch der Projekte aus den unterschiedlichen Handlungsfeldern. Diese an der Umsetzung orientierten strategischen Rahmenplanungen fokussieren auf die Anpassung des Bestands an Gebäuden und technischer Infrastruktur und damit die Sicherung oder Neuentwicklung der Werthaltigkeit von Standorten durch die Entwicklung eines neuen Images für sozial benachteiligte Stadtquartiere. Branding, Placemaking ebenso wie Benchmarking und Alleinstellungspositionierung sind inzwischen als aus der Betriebswirtschaft entlehnte Begriffe in die Stadtentwicklung und den Stadtumbau eingezogen.

Fasst man zusammen, gibt es auch im Umgang mit Bestand und somit in der Stadterneuerung und im Stadtumbau keine standardisierten Lösungen. Umso mehr braucht es die öffentliche Diskussion und Abwägung über geplante Ziele und Maßnahmen. Zur Identifikation von Problemlagen bedarf es zum einen

25 Jahn, Stadtentwicklung als bürgerschaftliche Aufgabe, PlanerIn 2010, 29–32 (31).

der Entwicklung von Indikatoren für eine kleinräumige Raumbeobachtung, zum anderen sind disziplinäre Grundlagen und der transdisziplinäre Dialog und Kooperation für die Entwicklung neuer Konzepte und Programme notwendig. Als belastbare Informationsgrundlagen tragen sie potenziell zu abgeschichteten öffentlichen Diskussions- und Abwägungsprozessen bei.

Eine nachhaltige Stadt- und Quartiersentwicklung knüpft strategisch an sozialen und räumlichen Potenzialen an. Sie koordiniert die Ziele und die Umsetzung der Maßnahmen durch das Management von privaten Akteuren und der gezielten Unterstützung durch die öffentliche Hand. Verwaltungsstrukturen und ihre Routinen sind jedoch v.a. auf die Schaffung von Rechtssicherheit ausgelegt, andererseits ist Improvisation bei neuen Planungsprozessen gefragt. Nach wie vor bleibt die Mobilisierung von Privateigentümern bei der Innenentwicklung eine wichtige Herausforderung, ebenso die Integration von bisher wenig eingesetzten erprobten informellen Konzepten bzw. sektoral angelegten lokalen Fachplanungen und schließlich die Verknüpfung von Förderprogrammen. Die Rahmenbedingungen für diese komplexen Aufgaben des strategischen und operativen Verwaltungshandelns sollen abschließend näher betrachtet werden.

IV. Rahmenbedingungen des Verwaltungshandelns im Stadtumbau – stadtgrößenspezifische Unterschiede

Stadtumbau erfordert einen umfassenden und differenzierten Methoden- und Instrumenteneinsatz, der über die Verwaltungsabläufe der regelhaften Routinen oftmals hinausgeht. Dieser wiederum setzt von Seiten des Aufgabenträgers Ressourcen in Form von Qualifikation und Kompetenzen, Erfahrungswissen und nicht zuletzt Zeit für die projektbezogenen Aufgaben voraus. Die strukturellen Bedingungen des Verwaltungshandelns ermöglichen die offensichtlich erforderliche prozessuale Improvisationsfähigkeit bisher nur bedingt. Die erforderliche Balance ist angesichts knapper Personal- und Finanzressourcen sowie enger Verflechtungen von Politik und Verwaltung schwierig herzustellen.[26] Dies gilt besonders für Klein- und Mittelstädte, die sich somit eher auf ihre Routinen verlassen. Schlaglichtartige Ergebnisse aus einer 2006 durchgeführten Online-Befragung von allen Mittelstädten zwischen 20. und bis 100.000 EW, Rücklauf

26 Kühn/Fischer, Strategische Stadtplanung. Strategiebildung in schrumpfenden Städten aus planungs- und politikwissenschaftlicher Perspektive, 2010.

248 (N = 589), gehen darüber hinaus davon aus, dass flache Hierarchien und persönliche Präferenzen die planerischen Themen stark bestimmen.

Stadtumbau ist in hohem Maße von Fördermitteln abhängig, deren Inanspruchnahme mit der Stadtgröße steigt. Dies ist unabhängig von der administrativen Ebene der Fördermittelgeber.[27] Mittelstädte nehmen vorwiegend Landesmittel in Anspruch;[28] bei Kommunen mit einem Haushaltsdefizit sind dies häufiger EU-Fördermittel. Da größere Kommunen stärker arbeitsteilig organisiert sind,[29] sind Stadtentwicklung und Stadtplanung in der planenden Verwaltung häufiger in zwei Ämtern oder Fachbereichen oder innerhalb eines Amtes mit unterschiedlichen Stabsstellen arbeitsteilig organisiert. Mit der Größe der Stadt steigt auch die Zahl der in den letzten fünf Jahren abgebauten Stellen. Während die Planungsaufgaben eher komplexer geworden sind, sind es vielfach die gleichen Personen, die diese bewältigen. Dazu zählt auch der Stadtumbau als eine Arbeit auf disziplinären und verwaltungsorganisatorischen Schnittstellen in Projektgruppen. Aber nur etwa von einem Drittel der planenden Verwaltung in Mittelstädten wird oft in Projektgruppen gearbeitet, bei der Hälfte wird sie selten und bei ca. einem Sechstel nie praktiziert. Auch die Häufigkeit der Projektgruppenarbeit nimmt tendenziell mit der Größe der Gemeinde zu.

Schaut man sich die eingesetzten Planungsmethoden an, nutzen über 70 % der Mittelstädte Prognosen und Leitbilder innerhalb der Planungsprozesse, ansteigend mit der Stadtgröße.[30] Dieses Ergebnis ist auch für die Organisation des Stadtumbaus wichtig, denn diese Methoden sind ein zentraler Bestandteil der integrierten Handlungskonzepte und der Beteiligung der privaten Akteure und der Öffentlichkeit. Bei den Bewertungsmethoden überwiegt bei Weitem die verbal-argumentative Bewertung (ca. 85 %), während die Kosten-Nutzen-Analyse mit knapp 40 % am häufigsten bei den standardisierten Methoden genannt wird. Den Schwerpunkt im städtebaulichen Bereich bilden Rahmenplanung (ca. 85 %) und städtebauliche Wettbewerbe (gut 60 %), also eher raumbezogene Konzepte. Bei Stadtumbauplanungen und integrierten Stadtentwicklungskonzepten steht jedoch zumeist der Handlungsbezug im Vordergrund; sie werden jeweils nur von ca. einem Drittel der befragten Kommunen genannt; dies dürfte inzwischen gegenüber 2006 mehr geworden sein.

27 Rüdiger, Der Alltäglichkeit auf der Spur: Die Rolle der Stadtgröße für die räumliche Planung. 2009, 271.

28 Rüdiger, Der Alltäglichkeit auf der Spur: Die Rolle der Stadtgröße für die räumliche Planung. 2009, (270).

29 Rüdiger, Der Alltäglichkeit auf der Spur: Die Rolle der Stadtgröße für die räumliche Planung. 2009, (282).

30 Rüdiger, Der Alltäglichkeit auf der Spur: Die Rolle der Stadtgröße für die räumliche Planung. 2009, (289).

Nach dem Einsatz des besonderen städtebaulichen Entwicklungsinstrumentariums gefragt, dominieren in drei Viertel der Mittelstädte städtebauliche Sanierungsmaßnahmen. Stadtumbauverträge (gemäß § 171 c BauGB) werden noch vergleichsweise wenig mit knapp 7 % genannt; auch dies dürfte inzwischen gestiegen sein. Stadtumbauverträge im Sinne des § 171c BauGB kommen als formelle Instrumente v.a. in kleineren Mittelstädten zum Einsatz. Dies korrespondiert damit, dass bei den Weiterbildungen in Mittelstädten die neuen Entwicklungen im Planungsrecht und dessen Anwendung sowie Anpassungserfordernisse und Anpassungsinstrumente deutliche Hinweise auf die hohe Bedeutung formellen Verwaltungshandelns geben.

V. Resümee: Stadtumbau als eine Ergänzung der städtebaulichen Sanierung

In diesem Jahr wurden 40 Jahre Städtebauförderung in den alten Bundesländern und 20 Jahre Städtebauförderung in den neuen Bundesländern gefeiert. Dazu gehört auch der Stadtumbau, dessen Ansatz einer Stadtentwicklung ohne Wachstum richtungsweisende Impulse für die Planungspraxis, insbesondere für die Öffentlichkeitsbeteiligung und -mitwirkung, allgemein geben kann.[31]

Er wird vermutlich an Bedeutung gewinnen, weil er an teilräumlich spezifischen Problemlagen flexibel ansetzen kann und Potenziale für die Motivation und Aktivierung von vielfältigen Akteuren enthält. Als Voraussetzung für Stadtumbau werden auch zukünftig integrierte Handlungskonzepte als Grundlage für verlässliche Rahmenbedingungen und Flexibilität erforderlich sein. Gegenüber Sanierungsverfahren beziehen sie sich in stärkerem Maße auf Akteure und Flächennutzungen und definieren den formellen Rahmen über einen Aushandlungsprozess. Man kann resümierend festhalten, dass Stadtumbau somit als Konsens zwischen öffentlichen Aufgabenträgern und privaten Beteiligten eine Alternative, besser eine Ergänzung zur kleinteiligen städtebaulichen Sanierung bleibt.

Das bedeutet, dass das informelle Instrumentarium der integrierten Stadtentwicklungskonzepte eine wesentliche Basis für gemeinsam getragene Strategien darstellt. Getragen werden diese von politischen Beschlussgremien, professio-

31 Kamp-Murböck/Schäfer, Wie die Prinzipien des Stadtumbaus Einzug in die Praxis halten, Informationen zur Raumentwicklung, Heft 7, 2009, Bundesinstitut für Bau-, Stadt- und Raumforschung *(BBSR)* im Bundesamt für Bauwesen und Raumordnung (BBR, Hg.).

nellen Akteuren und der Zivilgesellschaft im Rahmen ihrer Mitwirkung durch ehrenamtliches Engagement. Stadtumbauverträge bilden die formelle Grundlage zur Rechtssicherheit. Das informelle und formelle kleinteilige Instrumentarium, das den Einsatz von Methoden des Monitoring und der Evaluierung einschließt, kann ein Stadtumbaumanagement mit gemeinsamen transparenten Strategien privater und öffentlicher Akteure gewährleisten. Die Wohnungswirtschaft wird dabei ein wichtiger Partner bleiben; ebenso wird die Verstetigung finanzieller und personeller Kapazitätsbereitstellung für die Alltäglichkeit der Routinen im Stadtumbau, v.a. auch in Klein- und Mittelstädten, von zentraler Bedeutung sein.

Die Anpassung von Gebäude- und Infrastrukturimmobilien und öffentlichen Räumen an dynamische Nutzungsanforderungen wird weiterhin eine zentrale stadtplanerische Aufgabe sein. Die sozialen und wirtschaftlichen Problemlagen städtebaulicher Funktionsverluste werden – in teilräumlich unterschiedlicher Ausprägung – weiterhin bestehen und im Rahmen der Innenentwicklung der permanenten Reflektion von Strategien und deren Einsatz zur Bewirtschaftung räumlicher Ressourcen (Gebäude, Flächen, Infrastruktur) bedürfen. Als konsensorientiertes Vorgehen bietet Stadtumbau vielfältige Potenziale für die Motivation und die Aktivierung von Akteuren, ohne deren Ressourcen eine zukunftsfähige Stadtentwicklung nicht umsetzbar ist.

Öffentliches Handeln muss inzwischen stärker auf Akzeptanz und Legitimation setzen und ist damit mehr denn je in ein Netzwerk unterschiedlicher Akteure – Staat, Markt und Zivilgesellschaft – eingebunden. Nicht nur vor dem Hintergrund knapper öffentlicher Finanzmittel sind der Staat und die Gemeinde nun ein Akteur innerhalb vielfältiger Konstellationen, die von unterschiedlichen Interessen geprägt sind. Soziale und politische Netzwerke sind bedeutend und eine mündige Gesellschaft soll als Partner die Fähigkeit und Bereitschaft zur Selbstorganisation in Bürgerinitiativen, Vereinen und Stiftungen mitbringen. Aus der „Beteiligung von Bürgern“ in der räumlichen Planung ist Mitwirkung und Kooperation der Zivilgesellschaft im Rahmen von dialogorientierten Prozessen und Planungsverfahren geworden.

Angesichts des jährlichen politischen Ringens um Haushaltsressorts soll die essentielle Notwendigkeit der finanziellen Unterstützung mit öffentlichen (Städtebauförderungs-)Mitteln hervorgehoben werden. Sie stellt jedenfalls eine wesentliche Basis des ehrenamtlichen Engagements der Zivilgesellschaft einerseits und eine Flankierung der prozessualen Improvisationsfähigkeit von (Verwaltungs-)Strukturen, insbesondere in Klein- und Mittelstädten andererseits dar. Ob die für 2011 eingesetzten Finanzmittel in Höhe von 455 Mio. € und die geplanten 410 Mio. € im Haushaltsjahr 2012[32] den Herausforderungen gerecht werden, darf bezweifelt werden. Dies gilt nicht nur, aber auch, wenn man auf die städtebaulichen und sozialen Problemlagen in Klein- und Mittelstädten schaut. Die öffentliche Planung wird eine zentrale Steuerungs- und Mobilisierungsrolle bei der Konzept- und Projektentwicklung sowie dem Planungsmanagement im Stadtumbau übernehmen müssen, um für die Einbindung Privater einen verlässlichen Rahmen zu gestalten.

„Die Kunst des Managements des Stadtumbaus besteht darin, inmitten des Wechsels Ordnung zu wahren, inmitten der Ordnung den Wechsel aufrecht zu erhalten. Dazu bedarf es einer zentralen Prozesssteuerung der Gemeinde."[33]

Literaturquellen:

Altrock, Stadtumbau, in: Heckel, et al, Planen-Bauen-Umwelt, 2010, 503–507.

Baumgart, Spuren suchen – Pfade finden. Planung zwischen Informalität und Intervention, Hinz, Walthes, (Hg.), Verschiedenheit als Diskurs, 2011, 63–74.

Baumgart/Overhageböck, Zwangsversteigerungen in der Wohnungsmarktberichterstattung. Das Beispiel der Stadt Dortmund. Endbericht einer explorativen Studie, SRPapers, Nr. 3, 2008, Dortmund (Online-Veröffentlichung, Download unter: http://hdl.handle.net/2003/25069).

Bundesgesetzblatt I S. 1509 vom 30.7.2011.

Bundesministerium für Verkehr, Bau und Stadtentwicklung (BMVBS) (Hg.), 4. Statusbericht. Stadtumbau vor neuen Herausforderungen, 2010

Bundesamt für Bauwesen und Raumordnung (BBR) (Hg.), Stadtumbau West. Stadtumbau in 16 Pilotstädten – Bilanz im ExWoSt-Forschungsfeld Stadtumbau West, 2008.

Bundesministerium für Verkehr, Bau und Stadtentwicklung; Bundesamt für Bauwesen und Raumordnung (BMVBS) (Hg), Zwischennutzungen und Nischen im Städtebau als Beitrag für eine nachhaltige Stadtentwicklung, Werkstatt: Praxis, Heft 57, 2008.

Davy, Raumplanung ohne Präservativ, PND, Ausgabe I, 2007, www.planung-neu-denken.de.

32 Hilgen, Rede anlässlich des Städtebaukongresses „Bilanz und Ausblick nach 20 Jahren Städtebauförderung in den neuen Bundesländern – Strukturen gestalten" in Chemnitz am 6.10.2011.

33 Goldschmidt/Taubeneck, Stadtumbau. Rechtsfragen – Management – Finanzierung, 2010, 53.

Goldschmidt/Taubeneck, Stadtumbau. Rechtsfragen – Management – Finanzierung, 2010.

Hilgen, Rede anlässlich des Städtebaukongresses „Bilanz und Ausblick nach 20 Jahren Städtebauförderung in den neuen Bundesländern – Strukturen gestalten" in Chemnitz am 6.10.2011.

Jahn, Stadtentwicklung als bürgerschaftliche Aufgabe, PlanerIn 2010, 29–32.

Kamp-Murböck/Schäfer, Wie die Prinzipien des Stadtumbaus Einzug in die Praxis halten, Informationen zur Raumentwicklung, Heft 7, 2009, Bundesinstitut für Bau-, Stadt- und Raumforschung (BBSR) im Bundesamt für Bauwesen und Raumordnung (BBR, Hg.).

Krautzberger, Städtebauliche Sanierungsmaßnahmen, Heckel et al, Planen-Bauen-Umwelt, 2010, 454–456.

Kühn/Fischer, Strategische Stadtplanung. Strategiebildung in schrumpfenden Städten aus planungs- und politikwissenschaftlicher Perspektive, 2010.

Rüdiger, Der Alltäglichkeit auf der Spur: Die Rolle der Stadtgröße für die räumliche Planung. 2009.

Strauß, Keine Aufwertung im Stadtumbau, PlanerIn, 2_2010, 8–10.

Westphal, Dichte und Schrumpfung. Kriterien zur Bestimmung angemessener Dichten in Wohnquartieren schrumpfender Städte aus Sicht der stadttechnischen Infrastruktur, IÖR Schriften, Band 49, 2008.

Stadt Dortmund, Amt für Wohnungswesen, Wohnungsmarktberichterstattung 2010, 2010.

Aktive Stadt- und Ortsteilzentren – Anwendungsbereich und Praxisbeispiele

*Mechthild Renner**

Attraktive Innenstädte und lebenswerte Ortsteilzentren haben zentrale Bedeutung für die Zukunft der Städte und Gemeinden. Sie sind die räumlichen und funktionalen Kristallisationspunkte in der Stadt. Sie stiften Identität. Hier spielt sich Alltagsleben ab.

I. Anlass und Anliegen

Vielfach sind die zentralen Räume in den Städten und Gemeinden mit Funktionsverlusten und Gebäudeleerständen konfrontiert. Immer wieder müssen sich die zentralen Bereiche aufs Neue den Herausforderungen des wirtschaftlichen

* Bundesinstitut für Bau-, Stadt- und Raumforschung, Bonn.

und gesellschaftlichen Wandels stellen, um ihre Beiträge für eine zukunftsfähige Stadt leisten zu können. Der Verlust funktionaler Substanz in den Stadt- und Ortskernen schafft aber nicht nur Probleme, sondern auch Raum- und Flächenpotenziale für neue Nutzungen und Mischungen. Die Kommunen haben im Rahmen einer umfassenden Umfrage unter 1200 Gemeinden die Stärkung von Innenstädten und Ortsteilzentren neben der sozialen Stadtentwicklung als wesentliches Handlungsfeld eingeschätzt – so das Ergebnis einer allgemeinen Ressortforschung des Bundes von 2006 zum städtebaulichen Investitions- und Förderbedarf 2007–2013.[1]

Vor diesem Hintergrund haben Bund und Länder 2008 mit dem neuen Förderschwerpunkt „Aktive Stadt und Ortsteilzentren", kurz dem Zentrenprogramm, die Programmfamilie der Städtebauförderung zielgerichtet ergänzt. Es bezweckt die Stärkung der zentralen Versorgungsbereiche und verfolgt damit das Anliegen, die Städte und Gemeinden zu unterstützen, den funktionalen und räumlichen Strukturwandel in den Innenstadtzentren, den Nebenzentren, den Grund- und Nahversorgungszentren zu bewältigen. Schlussendlich trägt die Unterstützung lebenswerter Stadt- und Ortsteilzentren zur Innenentwicklung der Städte und Gemeinden bei.

II. Das Zentrenprogramm: Orientierungen, Ziele und Fördergegenstände

Beim Zentrenprogramm haben sich Bund und Länder im Vorfeld der Umsetzung auf eine Programmstrategie verständigt, die Anlass, Ziele und Instrumente aufzeigt.[2] Städtebauliche Funktionsfähigkeit, soziale Vitalität und kultureller Reichtum der zentralen Räume sollen erhalten bzw. wiedergewonnen werden.

1 Bundesministerium für Verkehr, Bau und Stadtentwicklung; Bundesamt für Bauwesen und Raumordnung (Hrsg.): Städtebaulicher Investitions- und Förderbedarf 2007 bis 2013 in Deutschland. Bearb.: GEFRA Gesellschaft für Finanz- und Regionalanalysen GbR, DIW Deutsches Institut für Wirtschaftsforschung GmbH, IfS Institut für Stadtforschung und Strukturpolitik GmbH, Lehrstuhl Stadttechnik BTU Cottbus. In: Forschungen Heft 132. Bonn 2007, S. 24.

2 Bundesministerium für Verkehr, Bau und Stadtentwicklung (Hrsg.): Aktive Stadt- und Ortsteilzentren. Das Zentrenprogramm der Städtebauförderung. Bearb.: Bundesinstitut für Bau-, Stadt- und Raumforschung: Renner, Mechthild; Breuer, Bernd; Bundestransferstelle „Aktive Zentren": Altrock, Uwe; Haller, Christoph; Kloss, Christian; Pietschmann, Holger. Berlin 2009.

Die Finanzhilfen des Bundes werden eingesetzt zur Vorbereitung und Durchführung von Gesamtmaßnahmen zur Erhaltung und Entwicklung der zentralen Versorgungsbereiche als Standorte für Wirtschaft und Kultur sowie als Orte zum Wohnen, Arbeiten und Leben. Das Vorliegen städtebaulicher Missstände ist keine zwingende Voraussetzung für eine Förderung aus dem Zentrenprogramm, die Finanzhilfen aus diesem Städtebauförderprogramm können auch präventiv eingesetzt werden.

III. Zentrale Orientierungen für die Umsetzung des Zentrenprogramms

- Erhalt und Entwicklung zentraler Versorgungsbereiche
- Identitätsstiftende Profilierung und Stärkung der Multifunktionalität von Innenstädten
- Förderung der Nutzungsvielfalt in Stadtteil- und Ortsteilzentren
- Sozialorientierte, stadt- und umweltverträgliche Gestaltung funktionaler und baulicher Anpassungen

Dabei sind die im Folgenden genannten Ziele handlungsleitend:

Funktionsvielfalt und Versorgungssicherheit
- Erhaltung und Entwicklung zentraler Versorgungsbereiche als Orte zum Wohnen und Arbeiten, für Wirtschaft und Handel, Kultur und Bildung sowie für Versorgung und Freizeit
- Nutzungsvielfalt durch Stärkung der Wohnfunktion, kultureller und öffentlicher Einrichtungen

Soziale Kohäsion
- Vielfältige Wohnformen für alle gesellschaftlichen Gruppen
- Sozialer Zusammenhalt durch Gemeinschaftseinrichtungen für gruppenübergreifende Begegnung und Austausch

Aufwertung des öffentlichen Raums
- Zugänglichkeit und Nutzbarkeit der öffentlichen Räume für alle gesellschaftlichen Gruppen
- Belebung der Zentren durch Raum für Aktivitäten und Orte zum Verweilen

Stadtbaukultur
- Räumliche Vielfalt durch Erhalt und behutsame Anpassung kleinteiliger Raumstrukturen sowie durch Aktivierung und stadtverträgliche Integration freier Räume und Flächen
- Pflege des Stadtbildes durch Erhalt und Schaffung stadtbaukultureller Qualitäten (z. B. mithilfe von städtebaulichen und Architekturwettbewerben)

Stadtverträgliche Mobilität
- Integration und Optimierung von Bahn-, Bus-, KfZ-, Rad- und Fußverkehr
- Barrierefreie und qualitätvolle Gestaltung der Verkehrsräume

Partnerschaftliche Zusammenarbeit
- Einbeziehung der Bürgerinnen und Bürger in die Zentrenentwicklung
- Aktivierung, effektive Mitwirkung und partnerschaftliche Kooperation aller Akteursgruppen der Zentrenentwicklung und Verstetigung kooperativer Prozesse (u. a. mithilfe von Immobilien- und Standortgemeinschaften)

Auszug aus: Bundesministerium für Verkehr, Bau und Stadtentwicklung (Hrsg.): Aktive Stadt- und Ortsteilzentren. Das Zentrenprogramm der Städtebauförderung. Bearb.: Bundesinstitut für Bau-, Stadt- und Raumforschung: Renner, Mechthild; Breuer, Bernd; Bundestransferstelle „Aktive Zentren“: Altrock, Uwe; Haller, Christoph; Kloss, Christian; Pietschmann, Holger. Berlin 2009, S. 11.

In der jährlich zwischen Bund und Ländern getroffenen Verwaltungsvereinbarung zur Städtebauförderung (VV Städtebauförderung) sind die Fördergegenstände formuliert. Die Fördermittel aus dem Zentrenprogramm können für Investitionen zur Profilierung und Standortaufwertung eingesetzt werden, insbesondere für

- die Vorbereitung der Gesamtmaßnahme wie Erarbeitung von städtebaulichen Entwicklungskonzepten einschließlich Bürgerbeteiligung,
- die Aufwertung des öffentlichen Raumes,
- die Instandsetzung und Modernisierung von stadtbildprägenden Gebäuden einschließlich der energetischen Erneuerung,
- Bau- und Ordnungsmaßnahmen zur Wiedernutzung von Grundstücken mit leerstehenden, fehl- oder mindergenutzten Gebäuden und von Brachflächen einschließlich städtebaulich vertretbarer Zwischennutzung,

- das Citymanagement und die Beteiligung von Nutzungsberechtigten und von deren Beauftragten im Sinne von § 138 BauGB sowie von Immobilien- und Standortgemeinschaften,
- die Teilfinanzierung von Verfügungsfonds,
- Leistungen Beauftragter.

Die Fördermittel können auch eingesetzt werden für innenstadt- oder stadtteilbedingten Mehraufwand für den Bau oder die Herrichtung von Gebäuden und ihres Umfeldes für Handel, Dienstleistungen und innenstadt- oder stadtteilverträgliches Gewerbe.[3]

Darüber hinaus räumt die vertikale Bund-Länder-Politikverflechtung in der staatlichen Städtebauförderpraxis den Ländern eine starke Gestaltungskompetenz ein.

IV. Einbindung der Zentrenstärkung in übergeordnete Entwicklungsstrategien

Bereits die in der Programmstrategie genannten zentralen Orientierungen und Ziele legen eine integrative Herangehensweise nahe. Das bedeutet zunächst, die integrierte Entwicklung der Innenstadt-, Stadt- und Ortsteilzentren in übergeordnete Entwicklungsstrategien wie stadtregionale Kooperation und Konzepte sowie in ganzheitliche Entwicklungsstrategien für die Gesamtstadt einzubinden. Anknüpfungspunkte bieten

- regionale Entwicklungs-, regionale Zentren- und regionale Einzelhandelskonzepte,
- integrierte Stadtentwicklungs- und Zentrenkonzepte.

Beispiel:
Perspektiven der Stadtentwicklung – in Hamm ein dialogorientierter Prozess
So hat die Stadt Hamm den Flächennutzungsplan als Pflichtinstrument zum Anlass für eine Perspektivendiskussion der Hammer Stadtentwicklung in Zeiten demographischen und wirtschaftlichen Wandels genommen. Werkstattgespräche mit der Bürgerschaft in allen Stadtbezirken wurden nach dem Prinzip

3 Verwaltungsvereinbarung Städtebauförderung 2011 über die Gewährung von Finanzhilfen des Bundes an die Länder nach Artikel 104 b des Grundgesetzes zur Förderung städtebaulicher Maßnahmen (VV Städtebauförderung 2011) vom 16.12.2010/18.3.2011, S. 11–14.

der Bürgerkommune durchgeführt, um die Vorstellungen zur räumlichen Entwicklung ihrer Stadt zu diskutieren. Als Ergebnis des dialogorientierten Prozesses entstand ein Strukturkonzept zur Stadtentwicklung mit Leitlinien der Gesamtentwicklung als auch stadtbezirksbezogenen Diskussionsergebnissen.[4]

V. Städtebauliches Entwicklungskonzept als integrierter Handlungsansatz

Gemäß Verwaltungsvereinbarung Städtebauförderung 2011 erfolgt die Förderung im Rahmen des Zentrenprogramms auf der Grundlage eines städtebaulichen Entwicklungskonzeptes entsprechend § 171 b Abs. 2 BauGB.[5] Dieses ist als informelle Planung ausgestaltbar. Es empfiehlt sich eine Umsetzung im Sinne integrierter Handlungsansätze – so auch von mehreren Ländern den Kommunen als Anforderung an die Programmausgestaltung an die Hand gegeben.

- Das Konzept sollte räumlich mindestens das Stadt- bzw. Ortsteilzentrum einbeziehen, Funktionszusammenhänge und Wechselwirkungen mit benachbarten Gebieten sowie übergeordnete Planungen in ihrer Bedeutung für das Zentrum beachten. Es ist also eine ausreichend räumliche Perspektive zu berücksichtigen.
- Zentrale Orientierung des Programms ist die Stärkung der Funktionsvielfalt. Neben der raumübergreifenden ist bereits bei der Stärken-Schwächen-Analyse eine funktionsübergreifende Sicht auf das Gebiet wesentlich. In die Handlungsansätze sollten dann entsprechend alle notwendigen Handlungsfelder einbezogen werden.
- Integrierte Lösungsansätze für die Entwicklung der Zentren sind vor allem auch kooperativ zu entwickeln. Sie sollten von einem partnerschaftlichen akteursübergreifenden Handeln getragen sein. Dabei sind im Gebiet vorhandene Netzwerke zu berücksichtigen, neue Allianzen zu schmieden und Eigeninitiative zu unterstützen.[6] Von Seiten der Verwaltung trägt ressortübergreifendes Handeln zum Erfolg des integrierten Ansatzes bei.

4 Vgl. vertiefend http://www.hamm.de/planen-bauen-verkehr-wohnen/planen-und-entwickeln/bebauungs-und-flaechennutzungsplan/flaechennutzungsplan/das-verfahren.html (Stand: 29.9.2011).

5 VV Städtebauförderung 2011 vom 16.12.2010/18.3.2011, S. 12.

6 Vgl. auch Vortrag von Wachten, Kunibert: „Probleme, Perspektiven, Handlungsansätze in Stadt- und Ortsteilzentren" auf der Fachtagung „Attraktive Städte und Orte brauchen aktive Zentren" als Auftakt zum Förderprogramm „Aktive Stadt- und Ortsteilzentren" am 28. Mai 2008 in Berlin.

- Ferner bietet ein über die Dauer der gesamten Zentrenentwicklung fortwährendes prozesshaftes Vorgehen im Sinne offener Planung die Chance, räumlich und situationsbezogen maßgeschneiderte Lösungen zu erzielen.
- Darüber hinaus kann die Operationalisierung in Teilkonzepte für einzelne Handlungsfelder, beispielsweise zum Wohnen oder zum Handlungsfeld öffentlicher Raum ratsam sein.

Beispiel:
City 2013 – integriertes Entwicklungskonzept für die Solinger Innenstadt
Solingen, eine Stadt mit sinkender Einwohnerzahl, zunehmenden Leerständen und Trading-Down-Effekten im Einzelhandel in der Innenstadt, setzt mit dem integrierten Entwicklungskonzept City 2013 auf folgende Strategien:[7]

- Die Innenstadt soll als zukunftsfähiger, multifunktionaler Ort entwickelt werden. In diesem Zusammenhang soll sie auch als Wohnstandort gestärkt werden.
- Die Innenstadt gliedert sich in drei räumliche Schwerpunktbereiche. Das sind die südliche Innenstadt als Standort der Kreativökonomie, von Kultur-, Bildungs- und Freizeiteinrichtungen, die City mit den zentralen Funktionen Wohnen und Einzelhandel und die nördliche Innenstadt als Ort der Verwaltung mit dem Rathaus. Diese drei Gebiete sollen miteinander verknüpft werden. Städtebauliche Qualitätsverbesserungen sollen die Attraktivität erhöhen.
- Die Gestaltung und Belebung des öffentlichen Raums ist von zentraler Bedeutung für die Innenstadt Solingens. Die drei räumlichen Schwerpunktbereiche sollen durch attraktive Wegeverbindungen und Plätze miteinander verbunden werden.
- Kreative Potenzialstandorte sollen entwickelt werden. Dabei wird das Kreativitätspotenzial der südlichen Innenstadt als Impulsgeber genutzt.
- Die Profilierung und Vermarktung der Innenstadt wird mittels Imagekonzept und Veranstaltungen betrieben. Zur Vermeidung von Leerständen werden beispielsweise temporäre Nutzungen angestrebt oder Ladenlokale zusam-

7 Vgl. vertiefend Stadt Solingen: City 2013. Integriertes Entwicklungskonzept für die Solinger Innenstadt. Bearb.: Stadt Solingen, Stadtentwicklung, Planung, Mobilität & Denkmalpflege; Bergische Entwicklungsagentur GmbH Stadt- und Regionalentwicklung. Solingen 2009; vgl. auch Bundesministerium für Verkehr, Bau und Stadtentwicklung (Hrsg.): Aktive Stadt- und Ortsteilzentren – drei Jahre Praxis. Erster Statusbericht zum Zentrenprogramm der Städtebauförderung; a.a.O., S. 69.

mengelegt. Die Identifikation der Geschäftstreibenden mit ihrer Innenstadt soll über die Gründung einer Immobilien- und Standortgemeinschaft gestärkt werden. Bürgerschaftliches Engagement wird akquiriert.

VI. Fördergebietsabgrenzung

Für die Fördergebietsabgrenzung können alle Möglichkeiten des BauGB flexibel genutzt werden: das Untersuchungsgebiet nach § 141 BauGB, das Sanierungsgebiet nach § 142 BauGB, der städtebauliche Entwicklungsbereich nach § 165 BauGB, das Erhaltungsgebiet nach § 172 BauGB, ein Maßnahmegebiet des Stadtumbaus nach § 171 b BauGB oder der Sozialen Stadt nach § 171 e BauGB. Zusätzlich kann die räumliche Abgrenzung „lediglich" durch Beschluss der Gemeinde erfolgen.[8] Wesentlich ist, dass die räumliche Abgrenzung 1. zumindest das Stadt- bzw. Ortsteilzentrum umfasst und 2. problemorientiert erfolgt und dazu das passende Instrument ausgewählt wird.

Beispiel:
Handlungsleitender räumlicher Orientierungsrahmen für die Entwicklung der Münsteraner Innenstadt
Die Gebietsabgrenzung zum Programmgebiet der Münsteraner Innenstadt ist darstellbar auf der Basis des städtebaulichen Entwicklungskonzeptes entsprechend § 171 b Abs. 2 BauGB in Verbindung mit einer Stadtumbaumaßnahme zur Stärkung innerstädtischer Bereiche entsprechend § 171 a Abs. 3 Satz 2 Nummer 3 BauGB.

Die Abgrenzung ist hergeleitet aus Schwerpunktbereichen und umfasst Bahnhofs-, Altstadt- und Schlossquartier. Ferner sind drei Ergänzungsachsen enthalten, das sind Ausfallstraßen, die unter Anpassungsdruck stehen und wo entsprechend Handlungsbedarf besteht. Es erfolgt keine parzellenscharfe Abgrenzung, einbezogen sind Ergänzungs- und Überschneidungsbereiche. Die Gebietsabgrenzung harmonisiert mit der Abgrenzung zentraler Versorgungsbereiche. In Münster wird die Gebietsabgrenzung verstanden als handlungsleitender räumlicher Orientierungsrahmen.[9]

8 VV Städtebauförderung 2011 vom 16.12.2010/18.3.2011, S.11 f.

9 Vgl. vertiefend http://www.muenster.de/stadt/stadtplanung/pdf/Vorlage_0902-2008.pdf (Stand 29.9.2011); vgl. auch http://www.staedtebaufoerderung.info/StBauF/DE/AktiveStadtUndOrtsteilzentren/Praxis/Massnahmen/Muenster/Muenster__inhalt.html (Stand: 29.9.2011).

VII. Kooperative Zentrenentwicklung und der Verfügungsfonds

Zentrenentwicklung ist ein kommunikativer und kooperativer Prozess. So steht in der Programmstrategie das Ziel der partnerschaftlichen Zusammenarbeit auf der Agenda.

Mit Einrichtung des Zentrenprogramms wurde eine neuartige Kombination von Baumaßnahmen zur Stärkung der Nutzungsvielfalt mit Beteiligungs- und Mitwirkungsmaßnahmen unterstützt. Zu diesem Zweck wird das Instrument des Verfügungsfonds angeboten. Er ist ein hoheitliches Anreizinstrument für die kooperative Zentrenentwicklung. Kombiniert wird die öffentliche Mittelbereitstellung mit privaten Elementen.

Der Verfügungsfonds zielt darauf ab, privates Engagement und private Finanzressourcen zu aktivieren, innerstädtische Kooperationen herbeizuführen, die Selbstorganisation privater Kooperationspartner zu stärken und „eigene" Projekte zur Förderung des Zentrenstandortes flexibel umzusetzen. Selbstverständlich müssen Maßnahmen, die aus dem Fonds finanziert werden, mit den Zielen der Zentrenentwicklung in Einklang stehen.

Der Rahmen zur Ausgestaltung des Verfügungsfonds lässt Handlungsspielräume. Die Gemeinde kann einen Fonds einrichten, dessen Mittel ein lokales Gremium ausreicht. Den örtlichen Akteurszusammenschlüssen wird die Verwendung der Gelder innerhalb eines definierten Rahmens freigestellt. Es ist hilfreich, wenn die Akteure möglichst frühzeitig in die Zentrenentwicklung eingebunden werden. Bis zu 50 % der Fondsmittel können aus Mitteln der Städtebauförderung von Bund, Ländern und Kommunen stammen, mindestens zu 50 % müssen die Mittel von der Wirtschaft, von Immobilien- und Standortgemeinschaften, also von Privaten oder zusätzlich von der Gemeinde zur Verfügung gestellt werden. Die Mittel des Fonds können für Investitionen, investitionsvorbereitende und -begleitende Maßnahmen eingesetzt werden. Mittel, die nicht aus der Städtebauförderung stammen, können auch für nichtinvestive Maßnahmen eingesetzt werden.

Nicht alle Bundesländer unterstützen das Angebot des Verfügungsfonds. Im Rahmen des Programms „Aktive Stadt- und Ortsteilzentren" wurden bis einschließlich 2010 41 Verfügungsfonds eingerichtet. Das Instrument wird aber mehr und mehr angenommen, dies lassen die Äußerungen vieler Kommunen erwarten. Bereits für 2011 wird von einer deutlichen Zunahme ausgegangen.

Beispiel:
Kooperative Zentrenentwicklung in Bamberg-Sand
Das zentrale Quartier Sand in Bamberg wird kooperativ entwickelt. Auf der einen Seite besitzt es aufgrund seines hohen Denkmalwertes große Potenziale. Auf der anderen Seite war es durch Nutzungskonflikte zwischen Wohnen und Gastronomie, durch ein hohes Verkehrsaufkommen, Durchgangsverkehr und städtebauliche Missstände stark belastet. Vielfach unterblieben Investitionen in die Gebäudesubstanz.

Bamberg-Sand wurde bereits von 2005–2007 im Bayerischen Modellvorhaben „Leben findet Innenstadt" gefördert – einem der Vorläuferprogramme bzw. -initiativen zum Zentrenprogramm auf Länderebene. 2006 wurden die vorbereitenden Untersuchungen abgeschlossen und Bamberg-Sand förmlich als Sanierungsgebiet festgelegt. 2008 wurde es aufgenommen in das Programm „Aktive Stadt- und Ortsteilzentren".

Die Schaffung von Aufenthaltsqualitäten im öffentlichen Straßenraum, der Ausbau als Mischverkehrsfläche und die Umleitung des Durchgangsverkehrs waren wesentliche Maßnahmen. Eingerichtet wurde ein Straßenmanagement, das Aktionen und Initiativen im „Sand" kreiert, organisiert und durchführt. Das Straßenmanagement basiert auf einer intensiven privat-öffentlichen Kooperation. Als Trägerverein für das Straßenmanagement wurde die Interessengemeinschaft interesSand e.V. ins Leben gerufen. Der Verein setzt sich aus vier gewählten Vertretern, einem Vertreter des örtlichen Bürgervereins, vier Mitgliedern aus der Stadtverwaltung, dem Stadtplanungsamt, dem Amt für Wirtschaft, dem Tourismus- und Kongress-Service und dem Ordnungsamt zusammen.

Im Rahmen der Kooperation entstand beispielsweise die Stadtteilzeitung „Sandblatt", runde Tische wurden initiiert, Ideen und Aktionen vernetzt und eine Bürgersprechstunde eingerichtet. Ebenfalls wurde für eine ständige Kommunikation zwischen Gewerbetreibenden und Hauseigentümern zur Vermeidung von Ladenleerständen Sorge getragen.

Die Interessengemeinschaft interesSand e.V. ist auch Verwalter des Verfügungsfonds mit einem Etat von 58.000 €. Finanziert wurden aus dem Fonds z. B. die Umsetzung des Lichtmasterplans, ein Kunstprojekt im öffentlichen Raum, die Stadtteilzeitung „Sandblatt" und die Homepage des Vereins.[10]

Quartiersatmosphäre und die Bereitschaft Privater, in ihre Gebäude zu investieren, haben sich in Bamberg-Sand positiv entwickelt.

10 Vgl. vertiefend http://www.staedtebaufoerderung.info//StBauF/DE/AktiveStadtUndOrtsteilzentren/Praxis/Massnahmen/Bamberg-Sand/bamberg__inhalt.html (Stand 29.9.2011).

Beispiel:
Verfügungsfonds in Radevormwald – Instrument zur Gewinnung von Mitstreitern

In Radevormwald wiederum dienen „Richtlinien zur Finanzmittelvergabe aus dem Verfügungsfonds" dem Ziel, überhaupt erst Interesse an partnerschaftlicher Kooperation zu wecken und neue Allianzen mit den Akteuren vor Ort zu schmieden.[11]

Die Innenstadt Radevormwalds besitzt einen historischen Stadtkern und ist gekennzeichnet durch ein historisches Stadtbild. Allerdings bestehen städtebauliche Missstände, strukturelle Defizite durch Ladenleerstand und eine ungünstige Verkehrsführung.

2007 wurde ein Einzelhandels- und Zentrenkonzept, 2009 ein integriertes Handlungskonzept für die Innenstadt erstellt, 2010 erfolgte die Aufnahme in das Zentrenprogramm und das Gebiet wurde als Sanierungsgebiet (einfaches Verfahren) festgelegt. Die Richtlinien zum Verfügungsfonds wurden 2010 beschlossen und 2011 ein Verein für Citymanagement gegründet.

Ziel des Fonds ist die Stärkung der Teilnahme engagierter Innenstadtakteure. Er soll zu 40 % aus öffentlichen und zu 60 % aus privaten Finanzmitteln gespeist werden. Das jährliche Gesamtbudget soll voraussichtlich 50.000 € umfassen. Fördergegenstand sind Maßnahmen, die die Stadtteilkultur stärken, den Einzelhandel beleben, das Stadtbild aufwerten, zur Imagebildung beitragen, Öffentlichkeitsarbeit und Aktionen oder Workshops zur Aufwertung. Die Antragstellung erfordert eine Beschreibung der Maßnahme, des Nutzens und der erwarteten Effekte für die Innenstadtstärkung sowie Ausführungen zu Kosten, Finanzierung und zur Maßnahmendauer. Der Regelfall sieht einen Zuschuss in Höhe von höchstens 10.000 € pro Maßnahme und Jahr vor.

Ein lokales Gremium entscheidet über die Bewilligung. Es besteht aus sieben privaten Mitgliedern, die vom Citymanagement-Verein gewählt werden. Dabei handelt es sich jeweils um einen Vertreter der Eigentümer, der Einzelhändler, der Gastronomen, der Anwohner, der Unternehmer, der Kreditinstitute sowie aus dem Vorstand des Citymanagementvereins. Von Seiten der Stadtverwaltung sind ein Vertreter aus der Stadtplanung und einer aus dem Fachamt, das die

11 Vgl. vertiefend http://www.radevormwald.de/cms222/bauen_planen/stadtentwicklung/innenstadt/citymanagement_verfuegungsfonds/ (Stand 29.9.2011); vgl. auch http://www.staedtebaufoerderung.info/StBauF/DE/AktiveStadtUndOrtsteilzentren/Praxis/Massnahmen/Radevormwald/Radevormwald__inhalt.html (Stand 29.9.2011).

jeweilige Maßnahme fachlich prüft, eingebunden. Angesichts des noch jungen Instruments in Radevormwald kann über die Umsetzung noch nicht ausführlich berichtet werden.

VIII. Zentrenmanagement zur Begleitung und Steuerung

Im Rahmen des Zentrenprogramms sind Leistungen Beauftragter auch zur Begleitung und Steuerung förderfähig. Zielführend kann die Einrichtung eines Zentrenmanagements sein, das fachlich möglichst breit aufgestellt sein sollte, um die ganzheitliche Herangehensweise einlösen zu können. Ein Zentrenmanager kann die Kommune z. B. bei Aufgaben aus den Bereichen Kommunikation, Kooperation und Beteiligung unterstützen, bei der Erarbeitung des integrierten Handlungsansatzes und ggf. bei Konzepten zu einzelnen Handlungsfeldern. Dem Zentrenmanager obliegt die Rolle des Projektmanagers der Fördervorhaben.

Beispiel: Kernbereichsmanagement in Hattersheim
In der kleinen Gemeinde Hattersheim in Hessen wurde ein „Kernbereichsmanagement“ zur Umsetzung des integrierten Handlungskonzeptes eingerichtet.[12] Zur Beratung wurde ein Quartiersbüro mit regelmäßigen Sprechstunden eingerichtet. Dessen Aufgabe ist es, den Kontakt zu Eigentümern von Liegenschaften und Geschäften aufzunehmen, Bauherren bei der Beantragung von Fördermitteln zu beraten und Arbeitsgruppen zu städtebaulichen Verbesserungen zu betreuen. Auch werden durch das Kernbereichsmanagement kleinere Aufgaben aus dem Bereich des Citymanagements übernommen mit dem Ziel, eine engere Zusammenarbeit der Geschäftsleute untereinander aufzubauen.[13]

Zielführend kann somit die Einrichtung eines Zentrenmanagements als „Kümmerer“ einer integrierten Zentrenentwicklung sein.

12 In Hessen wird vom Land die Einrichtung eines Kernbereichsmanagements nahe gelegt. Auch wird hier unterschieden zwischen Kernbereichsmanagement und Citymanagement. Unter Kernbereichsmanagement wird die die Umsetzung des integrierten Handlungskonzepts verstanden, während Citymanagement vor allem auf die Sicherung und Stärkung der Nachfrage nach Produkten und Dienstleistungen in der Innenstadt ausgerichtet sei.

13 Vgl. vertiefend Bundesministerium für Verkehr, Bau und Stadtentwicklung (Hrsg.): Aktive Stadt- und Ortsteilzentren – drei Jahre Praxis. Erster Statusbericht zum Zentrenprogramm der Städtebauförderung; a.a.O.; S. 78.

IX. Ausblick

In den ersten Jahren hat das Zentrenprogramm einen relativ hohen Stellenwert erreicht. So wurden – rein quantitativ betrachtet – von 2008 bis einschließlich 2010 insgesamt 309 Maßnahmen im Rahmen des Zentrenprogramms gefördert. Von Bundesseite umfasste der bereit gestellte monetäre Rahmen:

- 2008 40 Mio. €
- 2009 43 Mio. €
- 2010 86 Mio. €

Angesichts der Mittelverdoppelung in 2010 konnten zahlreiche weitere Kommunen neu in die Förderung aufgenommen werden. Für 2011 stehen Bundesfinanzhilfen in Höhe von rund 90 Mio. € zur Verfügung.

2010 lagen ca. 88 % der Maßnahmen aus dem Zentrenprogramm in Innenstädten bzw. Ortskernen, ca. 12 % der Maßnahmen in Stadtteil- bzw. Ortsteilzentren. Dies liegt u. a. auch daran, dass die Mittel aus diesem Programm häufig in Mittel-, Kleinstädten und Landgemeinden eingesetzt wurden.

In dieser ersten Entwicklungsphase des Zentrenprogramms war die Arbeit in vielen Kommunen insbesondere durch konzeptionelle Arbeiten geprägt wie die Erstellung integrierter Handlungsansätze. Vor Ort wurden vorhandene Netzwerke genutzt und es entstanden neue Kooperationen. Nach einer Anlaufzeit wurde das Angebot des Verfügungsfonds mehr und mehr angenommen. Im weiteren Verlauf ist zu erwarten, dass die Umsetzung zunehmend vor Ort sichtbar wird und das Zentrenprogramm einen Beitrag zu lebenswerten Zentren leistet, die durch Nutzungsvielfalt geprägt sind. Dabei sind die Herangehensweisen und Instrumente ggf. weiter zu optimieren.

Trading-Down-Effekte – Steuerungsmöglichkeiten des Bebauungsplans

*Prof. Dr. Michael Uechtritz**

I. Einführung

1. Trading-Down-Effekte sind seit Jahrzehnten ein Thema in der städtebaulichen Diskussion, das auch die Verwaltungsgerichtsbarkeit bis heute immer wieder beschäftigt. Mit dem Schlagwort „Trading-Down-Effekt“ wird typischerweise folgende Entwicklung beschrieben: Es geht um (negative) städtebauliche Auswirkungen als Folge der Ausbreitung bestimmter baulicher Nutzungen, die das Erscheinungsbild verändern, tradierte Nutzungen und Nutzer verdrängen und damit eine „soziale Abwertung“ eines Baugebietes herbeiführen. Maßgeblich für diesen Effekt ist unter anderem, dass die fraglichen Nutzungen bei hoher Renditeerwartung und geringem Investitionsbedarf zur Realisierung der Vorhaben das Mietniveau in einem Gebiet nach oben treiben.[1] Das Bundesverwaltungsgericht hat formuliert: „Trading-Down-Effekte beurteilten sich nicht nach quantitativen Faktoren.“[2] Diese Formulierung darf nicht missverstanden werden. Sie wurde in einer Konstellation getroffen, in der das Bundesverwaltungsgericht klarstellen wollte, dass auch

* Rechtsanwälte Gleiss Lutz, Stuttgart.

1 Vgl. VG Neustadt, Urteil vom 12.8.2010 – 4 K 272/10.NW, ZfWG 2010, 438 ff.; BayVGH, Urteil vom 24.3.2011 – 2 B 11.59, UPR 2011, 316 ff.; OVG Rh.-Pf., Urteil vom 11.5.2005 – 8 C 10053/05, BRS 69 Nr. 35; Brandenburg/Brunner, BauR 2010, 1851 (1857); Kaldewei, BauR 2009, 1227 (1228); Lieber, VBlBW 2011, 6 (7).

2 BVerwG, Beschluss vom 4.9.2008 – 4 BN 9/08, BauR 2009, 76 ff.

einzelne oder wenige Vorhaben bereits geeignet sein können, einen Trading-Down-Effekt auszulösen. Hieraus kann nicht im Gegenschluss abgeleitet werden, dass die Zahl entsprechender Nutzungen kein wesentlicher Faktor für die Prognose ist, ob und in welcher Intensität derartige Auswirkungen zu erwarten sind und ob – korrespondierend hierzu – ein Bedarf besteht, planerisch gegenzusteuern.

2. Trading-Down-Effekte werden in Rechtsprechung und Literatur typischerweise im Hinblick auf Vergnügungsstätten, insbesondere Spielhallen,[3] Sex-Shops,[4] Bordelle,[5] Sauna- und Swinger-Clubs,[6] aber auch im Hinblick auf Gaststätten[7] (Umwandlung eines Bereichs in eine „Vergnügungsmeile“) diskutiert. In der städtebaulichen Diskussion spielen Trading-Down-Effekte vor allen Dingen in Kern-, Misch- und Gewerbegebieten eine Rolle.[8] Dies deshalb, weil in den entsprechenden Gebieten die Nutzungsarten, die Trading-Down-Effekte begründen können, entweder regelmäßig oder zumindest ausnahmsweise zulässig sind. Zu beachten ist, dass die Erforderlichkeit bzw. Notwendigkeit planerischer Steuerungsmaßnahmen nicht pauschal unter Verweis darauf begründet werden kann, dass bestimmte Nutzungsarten „an sich“ in bestimmten Baugebieten problematisch sind und generell Trading-Down-Effekte auslösen können. Es bedarf stets der Berücksichtigung der spezifischen Verhältnisse des konkreten Gebietes.[9]

3. In jüngerer Zeit wird vermehrt eine neue Variante von Trading-Down-Effekten diskutiert: und zwar die Beeinträchtigung der Qualität tradierter Geschäftslagen durch die Ausbreitung von so genannten „Billigläden“ wie Restpostenmärkten, 1-Euro-Märkten oder allgemein Filialdiscountern sowie

---

3 Brandenburg/Brunner, BauR 2010, 1851; Guckelberger, GewArch 2011, 177 ff. u. 231 ff.; Kraus, UPR 2011, 288 ff.; Schröer, NZBau 2010, 743; OVG Münster, Urteil vom 9.1.1989 – 10a NE 75/86, NVwZ 1990, 85 f.

4 VGH Mannheim, Urteil vom 3.3.2005 – 3 S 1524/04, BauR 2005, 1892 ff.; OVG Münster, Urteil vom 9.1.1989 – 10a NE 75/86, NVwZ 1990, 85 f.

5 Stühler, BauR 2010, 1013 ff.; HessVGH, Urteil vom 5.2.2004 – 4 N 360/03, NVwZ-RR 2005, 312 ff.; OVG Rh.-Pf., Beschluss vom 27.8.2009 – 8 A 10480/09, ZfBR 2010, 158 ff.

6 VG Trier, Urteil vom 13.2.2008 – 5 K 975/07.TR – juris; VGH Mannheim, Beschluss vom 28.11.2006 – 3 S 2377/06, VBlBW 2007, 189 ff.

7 Maaß/Wagner, BauR 2010, 555 ff.

8 Vgl. BVerwG, Beschluss vom 21.12.1992 – 4 B 182/92, BRS 55 Nr. 42; VGH Mannheim, Urteil vom 3.3.2005 – 3 S 1524/04, BauR 2005, 1892 ff.; VG Trier, Urteil vom 13.2.2008 – 5 K 975/07.TR – juris; Lieber, VBlBW 2011, 6 (6 f.); Ziegler, in: Brügelmann, Baugesetzbuch, 78. Erglfg. Mai 2011, BauNVO § 1 Rn. 223a.

9 Vgl. BVerwG, Beschluss vom 4.9.2008 – 4 BN 9/08, BauR 2009, 76 ff.; BayVGH, Urteil vom 15.12.2010 – 2 B 09.2419, BauR 2011, 1143 ff.

von Schnell-Imbissen.[10] Entsprechende Nutzungen können das Niveau der betroffenen „Einkaufsmeile“ negativ beeinträchtigen. In den betroffenen Geschäftslagen tritt ein Rückgang der bisherigen Angebots- und Qualitätsvielfalt und damit zugleich eine Verdrängung des traditionellen gehobenen Einzelhandels ein. Die Aufenthalts- und Umfeldqualität dieser Lagen nimmt ab. In einem Arbeitspapier der Akademie für Raumforschung und Landesplanung zur Steuerung des Einzelhandels wird der Begriff „Trading-Down“ im Sinne des vorstehend beschriebenen Phänomens definiert – sogar in dem Sinne, dass es sich hierbei um eine einzelbetriebliche Strategie zur Verringerung des Leistungs- und Qualitätsangebots handeln soll, die Nachfrage auf diese neuen Handlungsformen umzulenken.[11]

II. Planerische Steuerungsmöglichkeiten

1. Die nachfolgenden Ausführungen konzentrieren sich auf die Frage, welche planerischen Möglichkeiten die Gemeinden haben, um den beschriebenen Trading-Down-Effekten entgegenzuwirken. Zur Vermeidung von Missverständnissen ist klarzustellen, dass das planungsrechtliche Instrumentarium nicht isoliert betrachtet werden darf. Es bestehen eine Reihe weiterer Möglichkeiten, dem Auftreten entsprechender städtebaulicher Missstände entgegenzuwirken. Diese sind teilweise in anderen Referaten im Verlaufe dieser Tagung bereits behandelt worden (Stichworte: Privatinitiativen, Sanierungsmaßnahmen und Stadtumbau). Zu nennen sind auch steuerrechtliche oder gewerberechtliche Ansätze.[12]
2. Bevor das rechtliche Steuerungsinstrumentarium in seinen Grundzügen darzustellen ist und bevor auf die typischen Probleme, die sich bei Anwendung dieses Instrumentariums stellen, eingegangen wird, ist in grundsätzlicher

10 Vgl. zur Zunahme der Billigläden bspw. die Begründung zum Bebauungsplanentwurf der Stadt Duisburg (Stand März 2011) auf S. 3, abrufbar unter http://www.duisburg.de/gis/bplan/data/1560/bpl_1136_begruendung_20110526.pdf (27.9.2011); ebenfalls das Städtebauliche Entwicklungskonzept für die Innenstadt der Stadt Krefeld (Stand März 2009), S. 86, 93 f., abrufbar unter http://www.krefeld.de/C1257478002CCFBA/files/krefeld_stadtumbau_endbericht_.pdf/$file/krefeld_stadtumbau_endbericht_.pdf?OpenElement (27.9.2011); vgl. auch die Beschlussvorlage des Rates der Stadt Düsseldorf für das Entwicklungskonzept Innenstadt Süd-Ost, S. 3, abrufbar unter http://www.duesseldorf.de/planung/stadterneu/cityso/pdf/ratsvorlage.pdf (27.9.2011).

11 ARL, Positionspapier Nr. 87: Einzelhandel in Nordrhein-Westfalen planvoll steuern!, Hannover 2011, S. 11.

12 Dazu Brandenburg/Brunner, BauR 2010, 1851 (1855 f.); Lieber, VBlBW 2011, 6 (12 ff.); Guckelberger, GewArch 2011, 177 (179 f).

Hinsicht Folgendes klarzustellen: Zu beachten sind verschiedene grundsätzliche Beschränkungen beim Einsatz planerischer Mittel zur Verhinderung von Trading-Down-Effekten:

- Zu beachten ist der numerus clausus der bauplanerischen Festsetzungsmöglichkeiten; wie die Rechtsprechung immer wieder betont hat, besitzen die Gemeinden kein „Festsetzungsfindungsrecht".[13] Es gilt die Beschränkung auf die Festsetzungsmöglichkeiten, die das BauGB i.V.m. der BauNVO eröffnet. Nur innerhalb dieses rechtlichen Rahmens ist eine Steuerung möglich. Zu beachten sind die jeweiligen rechtlichen Voraussetzungen, die für den Einsatz der einzelnen Steuerungsinstrumente gelten.
- Bauplanerische Festsetzungen sind nur aus städtebaulichen Gründen zulässig.[14] Dieser Hinweis ist angebracht, weil gerade im Zusammenhang mit den hier näher zu betrachtenden Nutzungen (Spielhallen, Sex-Clubs etc.) planerische Beschränkungen häufig mit „moralischen" Bewertungen gerechtfertigt werden. Das Bauplanungsrecht dient aber nicht der Sicherung der „Moral" der Bevölkerung durch Beschränkung von Sex-Clubs o.Ä. Es dient – im Hinblick auf die Steuerung von Spielhallen – auch nicht dem Ziel der Bekämpfung der Spielsucht. Hierfür steht das Gewerberecht zur Verfügung.[15]
- Bauleitplanerische Festsetzungen müssen dem Gebot der Bestimmtheit bzw. Bestimmbarkeit genügen. Die textlichen Festsetzungen, die eine Steuerung bzw. Beschränkung einzelner Nutzungen vornehmen, müssen so formuliert sein, dass mit den traditionellen Auslegungsmethoden der Inhalt der jeweiligen Festsetzung mit hinreichender Sicherheit ermittelt werden kann.[16]

13 BVerwG, Urteil vom 11.2.1993 – 4 C 18/91, BVerwGE 92, 56 ff.; BayVGH, Urteil vom 8.2.2011 – 15 N 09.1091 – juris Rn. 43; OVG Rh.-Pf., Urteil vom 21.1.2011 – 8 C 10850/10, UPR 2011, 235 ff.; Söfker, in: Ernst/Zinkahn/Bielenberg, BauGB, 99. Erglfg. März 2011, BauNVO, § 1 Rn. 37.

14 Vgl. Stüer, ZfWG 2010, 386 (391); Lieber, VBlBW 2011, 6 (16); Guckelberger, GewArch 2011, 177 (180).

15 Lieber, VBlBW 2011, 6 (12 ff.); Guckelberger, GewArch 2011, 177 (178 f.); in Bremen (Gesetz vom 17.5.2011, Brem.GBl. S. 327) und Berlin (Gesetz vom 20.5.2011, GVBl. S. 223) sind bereits Spielhallengesetze zur Steuerung von Spielhallen in Kraft getreten; in Hessen hat die Landesregierung am 16. Mai 2011 einen Entwurf für ein Spielhallengesetz beschlossen, vgl. Pressemitteilung vom selbigen Tag, abrufbar unter http://www.hmdi.hessen.de/ (27.9.2011).

16 Söfker, in: Ernst/Zinkahn/Bielenberg, BauGB, 99. Erglfg. März 2011, BauNVO, § 1 Rn. 39a; Beispielsweise verstößt die Bezeichnung „Einzelhandelsgeschäft mit überwiegendem Sex- und Erotiksortiment" in einer Festsetzung nicht gegen das rechtstaatliche Bestimmtheitsgebot vgl. VGH Mannheim, Urteil vom 16.12.1991 – 8 S 14/89, NVwZ-RR 1993, 122 ff.

3. Das klassische Instrumentarium für eine horizontale Steuerung findet sich in § 1 Abs. 4–6 und 9 BauNVO. Hierzu gilt:
   - § 1 Abs. 4 BauNVO gestattet (mit Ausnahme des Gebietstyps Gewerbegebiet) nur eine Gliederung des jeweiligen Baugebietes. In Betracht kommt ein Rückgriff auf § 1 Abs. 4 Satz 1 Nr. 1 BauGB, der eine Gliederung nach der Art der zulässigen Nutzung gestattet. Diese Bestimmung ermöglicht es also, die entsprechenden Einrichtungen auf Teile eines Baugebietes zu beschränken bzw. zu konzentrieren. Sie ermöglicht keinen vollständigen Ausschluss unerwünschter Nutzungsarten in einem bestimmten Baugebiet.
   - Nach § 1 Abs. 5 BauNVO kann im Bebauungsplan festgesetzt werden, dass bestimmte Arten von Nutzungen, die nach den §§ 2, 4–9 und 13 BauNVO allgemein zulässig sind, nicht zulässig sind oder nur ausnahmsweise zugelassen werden können. Hierbei muss die allgemeine Zweckbestimmung des Baugebiets gewahrt bleiben. Unter „bestimmte Arten von Nutzungen" versteht die Rechtsprechung einzelne, der unter einer Nummer einer Baugebietsvorschrift der BauNVO zusammengefassten Nutzungen, also z. B. „Vergnügungsstätten, Schank- und Speisewirtschaften oder Einzelhandelsbetriebe".[17] Unter Rückgriff auf § 1 Abs. 5 BauNVO können also z. B. innerhalb eines gesamten Plangebietes (evtl. auch für mehrere Plangebiete parallel) Vergnügungsstätten und/oder Schank- und Speisewirtschaften ausgeschlossen werden.
   - Eine darüber hinausgehende „Feinsteuerung" ermöglicht § 1 Abs. 9 BauNVO. Danach könnten bestimmte (Unter)arten von Nutzungen, die nach den §§ 2, 4–9 und 13 BauNVO allgemein zulässig sind, generell ausgeschlossen werden. Diese Regelung ermöglicht eine „Feinsteuerung" dahingehend, dass z. B. nicht alle Vergnügungsstätten, sondern nur Spielhallen, ausgeschlossen werden oder Sex-Shops als Unterart von Einzelhandelsbetrieben. Auf § 1 Abs. 9 BauNVO darf nur zurückgegriffen werden, wenn die entsprechenden Festsetzungen durch „besondere städtebauliche Gründe" gerechtfertigt sind. Das Bundesverwaltungsgericht hat klargestellt, dass das „Besondere" an den städtebaulichen Gründen nach § 1 Abs. 9 BauNVO nicht darin liegt, dass diese von besonderem Gewicht sein müssen.[18] Gemeint ist lediglich, dass es unter Bezug auf die konkrete Situ-

17 Vgl. BVerwG, Beschluss vom 22.5.1987 – 4 N 4/86, DVBl 1987, 1001 ff.

18 BVerwG, Urteil vom 29.1.2009 – 4 C 16/07, UPR 2009, 262 ff.; BVerwG, Urteil vom 22.5.1987 – 4 C 77/84, NVwZ 1987, 1074 ff.

ation spezielle Gründe sein müssen, um die gegenüber § 1 Abs. 5 BauNVO verfeinerte Differenzierung vorzunehmen.

- § 1 Abs. 6 BauNVO ergänzt § 1 Abs. 5 und Abs. 9 BauNVO dahingehend, dass auch ausnahmsweise zulässige Nutzungsarten ausgeschlossen werden können und – umgekehrt – dass im Bebauungsplan festgelegt werden kann, dass im Bebauungsplangebiet oder in Teilen davon bestimmte Nutzungsarten, die nach der BauNVO nur ausnahmsweise zulässig sind, generell zugelassen werden. Letztere Möglichkeit eröffnet die Chance, bestimmte Nutzungen auf bestimmte Gebietsteile zu konzentrieren, um sie auf diese Weise aus den übrigen Gebietsteilen fernzuhalten.
- Hinzuweisen ist weiter auf die – soweit ersichtlich – relativ selten genutzte Festsetzungsmöglichkeit des § 1 Abs. 10 BauNVO. Diese „Sonderregelung" gestattet es, für bestimmte vorhandene Anlagen Regelungen zu treffen, die diese im Bestand planerisch sichern bzw. Entwicklungsmöglichkeiten eröffnen, obwohl die Anlage ihrer Art nach als Folge einer bauplanerischen Festsetzung an sich unzulässig wäre.

4. In den Baugebieten nach §§ 4–9 BauNVO, also in all den Gebieten, bei denen sich typischerweise die Problematik von Trading-Down-Effekten stellt, eröffnet § 1 Abs. 7 BauGB die Möglichkeit einer „vertikalen" Gliederung. Wenn besondere städtebauliche Gründe vorliegen, kann im Bebauungsplan festgesetzt werden, dass einzelne der im Baugebiet allgemein zulässigen Nutzungen in bestimmten Geschossen, Ebenen oder sonstigen Teilen der baulichen Anlage unzulässig sind oder nur ausnahmsweise zulässig sind. Da die städtebaulichen Auswirkungen problematischer Nutzungen typischerweise im Erdgeschoss auftreten (Stichwort: optische Beeinträchtigung des Plangebietes), kann auf diese Weise ein Ausschluss einzelner Nutzungen im Erdgeschoss festgesetzt werden.[19]
5. In jüngerer Zeit wird diskutiert, inwieweit unter Rückgriff auf § 9 Abs. 2a BauGB ein Ausschluss unerwünschter Nutzungen, die einen Trading-Down-Effekt bewirken, durch einen einfachen Bebauungsplan möglich ist.[20] § 9 Abs. 2a BauGB ermöglicht in 34er-Gebieten den Ausschluss bestimmter Nutzungen zum Erhalt und der Entwicklung zentraler Versorgungsbereiche durch einen einfachen Bebauungsplan – und zwar, ohne dass dieser zugleich einen bestimmten Baugebietstyp festsetzt. Der Vorteil eines solchen „Nega-

19 Lieber, VBlBW 2011, 6 (15); Guckelberger, GewArch 2011, 231 (235); Kraus, UPR 2011, 288 (292 f.); OVG Münster, Urteil vom 29.1.1997 – 11 A 2980/94, GewArch 1997, 385 (387).

20 Dazu detailliert Tarner, BauR 2011, 1273 ff.; Kraus, UPR 2011, 288 (293 f.).

tivplans“ liegt in der geringeren Komplexität der Planung speziell bei der Überplanung von Gemengelagen.

Zwar hat der Gesetzgeber bei der Einführung des § 9 Abs. 2a BauGB durch die Novelle 2007 ersichtlich primär daran gedacht, unter Rückgriff auf diese Norm eine Einzelhandelssteuerung zu betreiben.[21] Es erscheint aber denkbar, in den genannten Konstellationen auch Trading-Down-Effekten durch Rückgriff auf § 9 Abs. 2a BauGB zu begegnen.[22] Rechtsprechung hierzu existiert – soweit ersichtlich – bisher nicht.

6. Zur Vorbereitung, aber auch zur Erleichterung der Umsetzung einer förmlichen Bauleitplanung mit dem Ziel, einen Trading-Down-Effekt zu vermeiden, kann es empfehlenswert sein, ein – informelles – städtebauliches Entwicklungskonzept im Sinne von § 1 Abs. 6 Ziff. 11 BauGB zu entwickeln.[23] Derartige Konzepte haben sich in der Praxis bei der Einzelhandelssteuerung vielfach bewährt.[24] Mit steigender Tendenz finden sich derartige Konzepte aber auch in Städten und Gemeinden zur Steuerung von Vergnügungsstätten oder speziell von Spielhallen, um auf diese Weise deren Ansiedlung in Bereichen zu verhindern, in denen Trading-Down-Effekte drohen bzw. sie im Gegenzug auf andere Bereiche zu konzentrieren.[25] Städtebaulich legitimes Ziel eines derartigen städtebaulichen Entwicklungskonzeptes kann es nicht sein, bestimmte Nutzungen, speziell Vergnügungsstätten, generell aus dem gesamten Stadt- oder Gemeindegebiet zu verbannen. Möglich ist aber eine Planung, die darauf abzielt, bestimmte Gebiete, speziell „Trading-Down-

21 Vgl. BT-Drs. 16/2496, S. 10.

22 Dazu Tarner, BauR 2011, 1273 (1278); Löhr, in: Battis/Krautzberger/Löhr, BauGB, 11. Aufl. 2009, § 9 Rn. 98l; Söfker, in: Ernst/Zinkahn/Bielenberg, BauGB, 99. Erglfg. März 2011, § 9 Rn. 242 f.; Klinge, in: Bleicher/Bunzel/Engel/Finkeldei/Klinge/Wecker, Baurecht, BauGB, Stand 111. Erglfg. Februar 2011, zu § 9 5.2.3; Guckelberger, GewArch 2011, 231 (236); vgl. zur Ausweitung des Anwendungsbereiches das Ergebnisprotokoll der Berliner Gespräche zum Städtebaurecht Bundesministerium für Verkehr, Bau und Stadtentwicklung, Band I: Bericht, Stand Nov. 2010, S. 36; bisher wird die Vorschrift in der Planungspraxis für Vergnügungsstätten nicht angewendet Kraus, UPR 2011, 288 (294).

23 Stüer, ZfWG 2010, 386 (391 f.); Schröer, NZBau 2010, 743 (745); Kraus, UPR 2011, 288 (291); die Erstellung eines solchen Konzeptes ist zeit- und kostenaufwendig Guckelberger, GewArch 2011, 231 (236); bei größeren Städten sollten deshalb nur mehrere kleinere Konzepte, statt einem Konzept für das ganze Stadtgebiet erstellt werden Tarner, BauR 2011, 1273 (1281 ff.).

24 Dazu Uechtritz, ZfBR 2010, 646 (648 f.).

25 Die Landeshauptstadt Stuttgart strebt ein solches Konzept für Vergnügungsstätten an, vgl. Mitteilung vom 14.12.2010, abrufbar unter http://www.stuttgart.de/item/show/273273/1/9/417162? (27.9.2011), Duisburg Konzept zur Steuerung von Vergnügungsstätten, abrufbar unter http://www.duisburg.de/micro2/pbv/stadtentwicklung/sonstiges/102010100000354155.php (2.9.2011); ebenfalls Stadt Bocholt vom Juli 2011, abrufbar unter http://www.bocholt.de/intabox/medienarchive/fb30/Vergnuegungsst_Auslegung_ToeB_05_08_11.pdf (27.9.2011).

gefährdete Gebiete", vor „problematischen" Nutzungen zu schützen[26] bzw. im Gegenzug die Ansiedlung entsprechender Nutzungsarten in weniger „sensible" Bereiche zu lenken.

7. Der Vorteil eines entsprechenden Konzeptes ist es, dass zur städtebaulichen Rechtfertigung einer konkreten Ausschluss- bzw. Beschränkungsplanung auf das entsprechende Konzept zurückgegriffen werden kann. Wie das Bundesverwaltungsgericht in seiner Judikatur in Bezug auf Einzelhandelskonzepte festgestellt hat, ist eine Planung, die ein entsprechendes Konzept im Einzelfall umsetzt, grundsätzlich städtebaulich gerechtfertigt – dies allerdings nur unter der Voraussetzung, dass das Konzept in sich schlüssig und stimmig ist.[27] Zu beachten ist auch, dass ein entsprechendes Konzept zwar keine strikte rechtliche (Selbst)bindung bewirkt. Ein wiederholtes oder gravierendes Abweichen von einem entsprechenden Konzept hat aber indiziellen Charakter für einen möglichen Abwägungsfehler. Darüber hinaus verliert das Konzept seine „Geltungskraft" (im Sinne einer Entlastungswirkung der förmlichen Bauleitplanung), wenn dieses nur noch „auf dem Papier steht".[28]

III. Einzelfragen

1. Nicht selten versuchen Gemeinden, Trading-Down-Effekte in bestimmten (Plan)gebieten dadurch zu verhindern, dass eine Kontingentierung in Bezug auf solche Nutzungsarten vorgenommen wird, die geeignet sind, einen Trading-Down-Effekt auszulösen oder zu verstärken, also z. B. Vergnügungsstätten, Sex-Shops oder auch Gaststätten. Dies geschieht z. B. in der Form, dass für einen Plan insgesamt oder für Teilgebiete eine Obergrenze der Zahl der jeweils zulässigen Arten (z. B. maximal zwei Spielhallen im Plangebiet x) festgelegt wird. Für derartige Festsetzungen gibt es im BauGB und in der BauNVO keine rechtliche Grundlage. Die entsprechende Rechtsprechung des Bundesverwaltungsgerichts zur (Un)zulässigkeit gebietsbezogener Verkaufs-

26 Stüer, ZfWG 2010, 386 (391); Guckelberger, GewArch 2011, 231 (234); Lieber, VBlBW 2011, 6 (14).

27 BVerwG, Urteil vom 26.3.2009 – 4 C 21/07, ZfBR 2001, 463 ff.; vgl. auch OVG Rh.-Pf., Urteil vom 12.2.2007 – 8 A 11311/06, ZfBR 2007, 357 ff.; Lieber, VBlBW 2011, 6 (16).

28 Dazu Uechtritz, ZfBR 2010, 646 (651); NdsOVG, Urteil vom 14.6.2006 – 1 KN 155/05, BRS 70 Nr. 7; VGH Mannheim, Urteil vom 31.8.2007 – 5 S 2103/06, VBlBW 2008, 185 ff.

flächenobergrenzen zur Einzelhandelssteuerung kann auf die hier zu erörternde Problematik übertragen werden.[29]

2. Obergerichtlich noch nicht abschließend geklärt ist, in welchem Umfang eine indirekte Kontingentierung möglich ist:
   a. Bisweilen wird in Bebauungsplänen die Zulässigkeit „unerwünschter" Nutzungen wie Vergnügungsstätten oder Gaststätten dadurch – indirekt – kontingentiert, dass nur „neue" Anlagen ausgeschlossen werden.[30] Nach der Rechtsprechung des BVerwG[31] dürfte dies unzulässig sein, da das Instrumentarium des § 1 Abs. 4, 5 und 9 BauNVO nur Festsetzungen in Bezug auf abstrakt bestimmbare Typen von Anlagen ermöglicht, nicht jedoch Festsetzungen in Bezug auf konkrete (vorhandene) Vorhaben. Vorhabenbezogene Festsetzungen, die im Einzelfall (indirekt) auch eine „Kontingentierung" gestatten, ermöglicht nur § 1 Abs. 10 BauNVO.
   b. Eine indirekte Form der Kontingentierung liegt weiter darin, dass bestimmte Anlagentypen wie etwa Vergnügungsstätten in einem Plangebiet ausgeschlossen werden. In einer weiteren textlichen Festsetzung wird dann festgelegt, dass ausnahmsweise nur bis zu „x-Anlagen" zugelassen werden können.[32] Das OVG Rheinland-Pfalz hat eine derartige Festsetzung in einer älteren Entscheidung – ohne Problematisierung dieser Festsetzungstechnik – für unbedenklich erachtet.[33] Ob eine solche Vorgehensweise zulässig ist und letztlich im Streitfall die Billigung des Bundesverwaltungsgerichts finden könnte, begegnet durchgreifenden Zweifeln. Zwar greift hier der primäre Einwand, den das Bundesverwaltungsgericht in Bezug auf die (Un)zulässigkeit gebietsbezogener Verkaufsflächenkontingentierungen zur Steuerung des Einzelhandels erhoben hat, nicht. Der Umstand, dass die BauNVO diese Festsetzungstechnik nicht vorsieht, ist – jedenfalls im Ausgangspunkt – unschädlich, da nach dem Verständnis des Plangebers nur die tatbestandlichen Voraussetzungen für eine Ausnahmeerteilung präzisiert werden sollen. Nach § 31 Abs. 1 BauGB können von den Festsetzungen des Bebauungsplans solche Ausnahmen zugelassen werden, die in dem Bebauungsplan nach „Art und

29 Vgl. BVerwG, Urteil vom 9.2.2011 – 4 BN 43/10, ZfBR 2011, 374 ff.; BVerwG, Urteil vom 24.3.2010 – 4 CN 3/09, ZfBR 2011, 471 ff.; BVerwG, Urteil vom 3.4.2008 – 4 CN 3.07, ZfBR 2008, 478 ff., dazu Uechtritz, BauR 2008, 1821 (1828).

30 Vgl. hierzu Maaß/Wagner, BauR 2010, 555 (566).

31 BVerwG, Beschluss vom 6.5.1993 – 4 NB 32/92, NVwZ 1994, 292 f.

32 Dazu bereits Uechtritz, BauR 2008, 1821 (1828 f.).

33 Urteil vom 22.2.1991 – 8 A 10301/89.OVG.

Umfang“ ausdrücklich vorgesehen sind. Klärungsbedürftig ist also, ob die Festsetzung, dass im Plangebiet nur bis zu „x-Anlagen“ zulässig sind, von dieser Ermächtigung gedeckt ist. Klar ist zunächst, dass diese Festsetzung nicht die „Art“ der Ausnahme näher umschreibt. In Rechtsprechung und Literatur besteht Konsens, dass mit dem Begriff „Art“ im Sinne des § 31 Abs. 1 BauGB nur deutlich gemacht werden soll, von welchen Festsetzungen des Bebauungsplans Ausnahmen möglich sind.[34] Fraglich kann daher nur sein, ob entsprechende Festsetzungen als Konkretisierung des Umfangs der Ausnahme verstanden werden können. Auch dies muss verneint werden. Mit „Umfang“ ist die Intensität der Abweichung vom Bebauungsplan, genauer: der jeweils in Rede stehenden Festsetzungen gemeint, etwa die ausnahmsweise Zulassung einer dreigeschossigen Bauweise, wenn im Bebauungsplan regelmäßig eine nur zweigeschossige Bauweise festgesetzt ist.[35] Zwar wird in der Kommentarliteratur auch betont, die insoweit zulässige Angabe, bis zu welcher Grenze von der Festsetzung abgewichen werden könne, sei nicht identisch mit Vorschriften über das Maß der baulichen Nutzung.[36] Diese Aussage kann aber nicht dahin interpretiert werden, als solle hiermit auch die Möglichkeit eröffnet werden, von einer an sich ausgeschlossenen Anlagenart im Plangebiet nur eine bestimmte Anzahl (ausnahmsweise) zuzulassen. Vielmehr ist mit dem Tatbestandsmerkmal „Umfang“ nur gemeint, dass in Bezug auf die Festsetzung des Bebauungsplans „vorhabenbezogen“ konkretisiert werden kann, inwieweit der Plangeber – ausnahmsweise – Abweichungen zulässt. Ein solcher „Vorhabenbezug“ ist aber bei einer Festschreibung der im Plangebiet ausnahmsweise zulässigen Zahl von Anlagen nicht erkennbar. Unter Rückgriff auf die Möglichkeit, den „Umfang“ der Ausnahme festzusetzen, kann nicht die grundsätzliche Systematik der BauNVO umgangen werden – nämlich dahingehend, dass eine „gebietsbezogene“ Konkretisierung der Ausnahme erfolgt. In der Rechtsprechung ist dieser Gedanke dahingehend formuliert worden, § 31 Abs. 1 BauGB eröffne der Gemeinde keinen über § 1 Abs. 5 und 9 BauNVO hinausgehenden Spiel-

34 Söfker, in: Ernst/Zinkahn/Bielenberg, BauGB, 100. Erglfg. Juni 2011, § 31 Rn. 24 und VGH Mannheim, Urteil vom 3.11.2003 – 3 S 439/03, BRS 66 Nr. 80.

35 Dürr, in: Brügelmann, BauGB, 75. Erglfg., Juli 2010, § 31 Rn. 18.

36 Söfker, in: Ernst/Zinkahn/Bielenberg, BauGB, 100. Ergänzungslieferung, Juni 2011, § 31 BauGB Rn. 24; Dürr, in: Brügelmann, BauGB, 75. Ergänzungslieferung, Juli 2010, § 31 Rn. 18.

raum bei der Zulassung von Ausnahmen hinsichtlich der Art der baulichen Nutzung.[37]

Im Ergebnis scheitert also die hier diskutierte Festsetzungsmöglichkeit daran, dass es an einer rechtlichen Grundlage fehlt. Nur ergänzend ist darauf hinzuweisen, dass gegen eine entsprechende Festsetzungstechnik auch die Bedenken sprechen, die das BVerwG in der bereits mehrfach genannten Entscheidung zur Unzulässigkeit gebietsbezogener Verkaufsflächengrenzen formuliert hat: Das Bundesverwaltungsgericht hat auf die Gefahr eines „Windhund-Rennens" hingewiesen, die bei einer solchen Festsetzungstechnik begründet würde. Hinter diesem Einwand verbirgt sich der Vorbehalt, dass durch die bauplanerischen Festsetzungen Inhalt und Schranken des jeweiligen Grundstückseigentums ausgestaltet werden – und zwar durch den Plangeber. Eine Kontingentierungsregel in dem Sinne, dass maximal „x-Anlagen" zugelassen werden, hätte die Konsequenz, dass die Nutzbarkeit des eigenen Grundstücks letztlich zur Disposition des Verhaltens anderer Eigentümer im Plangebiet gestellt würde.

c. Bisweilen treffen Gemeinden auch Festsetzungen, mit denen die zulässige Gesamtfläche einer bestimmten Nutzungsart im Plangebiet festgelegt wird, oder zusätzlich oder alternativ bestimmt wird, dass die fraglichen Anlagen (z. B. Gaststätten) nur eine bestimmte Flächengröße nicht überschreiten dürfen.[38] Gebietsbezogene Gesamtflächenobergrenzen sind nach der vorstehend erläuterten Rechtsprechung des Bundesverwaltungsgerichts eindeutig unzulässig. Dabei macht es keinen Unterschied, ob sich derartige Obergrenzen auf die im Gebiet zulässigen Einzelhandelsflächen oder andere Nutzungsarten wie Vergnügungsstätten oder Gaststätten beziehen. Es handelt sich bei derartigen Festsetzungen nicht um vorhabenbezogene Regelungen. Die BauNVO und das BauGB liefern keine Rechtsgrundlage für derartige Festsetzungen.

Die Festlegung von Flächenobergrenzen für einzelne Anlagen ist vorhabenbezogen und daher im Ausgangspunkt unbedenklich. Problematisch ist aber, dass nach der Rechtsprechung des Bundesverwaltungsgerichts ein Ausschluss von Unterarten, gestützt auf § 1 Abs. 9 BauNVO (um einen solchen Ausschluss handelt es sich, wenn Gaststätten oder Vergnügungs-

37 VGH Mannheim, Urteil vom 3.11.2003 – 3 S 439/03, BRS 66 Nr. 80; auch Jäde, in: Jäde/Dirnberger/Weiß, BauGB, BauNVO, 6. Auflage 2010, § 31 Rn. 9, betont, die der planenden Gemeinde als Festsetzungsvariante eröffneten Ausnahmemöglichkeiten seien in der BauNVO geregelt.

38 Vgl. hierzu die Beispiele bei Maaß/Wagner, BauR 2010, 555 (565 und 562).

stätten nur bis zu einer bestimmten Flächengröße ausgeschlossen werden), nur dann zulässig ist, wenn die festgesetzte Flächengrenze zugleich einem bestimmten (tatsächlich existierenden) „Anlagentyp“ entspricht.[39] Die diesbezügliche Rechtsprechung zu Flächengrenzen im Einzelhandel kann auf Bebauungspläne zur Verhinderung von Trading-Down-Effekten übertragen werden. Es ist zumindest zweifelhaft oder allenfalls nur im konkreten Einzelfall denkbar, dass in der jeweiligen Planungssituation die Flächengrenze einen bestimmten Anlagentyp bezeichnet.[40]

d. Ein weiteres Mittel zur – indirekten – Kontingentierung von Vergnügungsstätten (speziell Spielhallen) stellt der Versuch dar, die entsprechenden Anlagen unter Rückgriff auf § 11 Abs. 5, Abs. 9 BauNVO auszuschließen und deren ausnahmsweise Zulassung davon abhängig zu machen, dass ein entsprechender Mindestabstand zu gleichartigen Einrichtungen im Plangebiet nicht unterschritten wird. Die (ausnahmsweise) Zulässigkeit wird also in Abhängigkeit von der Eigenart der näheren Umgebung bestimmt.

Auch gegen diese Festsetzungstechnik bestehen Bedenken. Es ist nicht erkennbar, auf welche Rechtsgrundlage im BauGB bzw. der BauNVO derartige Festsetzungen gestützt sein könnten. Insoweit kann auf die oben (III.2.b) gemachten Ausführungen zur (Un)zulässigkeit von Festsetzungen verwiesen werden, die Obergrenzen für die Zahl bestimmter Einrichtungen in einem Plangebiet treffen. Auch in Bezug auf entsprechende Abstandsregelungen gilt, dass hiermit nicht (vorhabenbezogen) die Art des ausnahmsweise zulässigen Vorhabens beschrieben wird; es erfolgt keine Kennzeichnung der jeweils spezifischen Festsetzung des Bebauungsplans, von dem eine Abweichung im Wege der Ausnahmeerteilung zulässig sein soll. Nach den oben gemachten Erläuterungen ist es auch überaus fraglich, ob mit derartigen Abstandsregelungen der „Umfang“ der Ausnahme im Sinne des § 31 Abs. 1 BauGB näher konkretisiert wird, da sich dieses Tatbestandsmerkmal nicht darauf bezieht, wie intensiv bzw. gravierend die Abweichung des einzelnen Vorhabens von der planerischen Vorgabe (maximal) ausfallen darf. Vielmehr kann die Festsetzung als Versuch verstanden werden, die jeden Bebauungsplan ergänzende Regelung des § 15 Abs. 1 Satz 1 BauNVO in Bezug auf die in Rede stehenden Nutzungen

39 Vgl. BVerwG, Urteil vom 22.5.1987 – 4 C 77/84, DVBl 1987, 1004 ff.; BVerwG, Beschluss vom 4.10.2001 – 4 BN 45/01, BRS 64 Nr. 28.

40 Bedenken äußern auch Maaß/Wagner, BauR 2010, 555 (566) in Bezug auf Gaststätten.

einzelfallbezogen zu konkretisieren. Eine derartige Festsetzung wird aber weder durch § 31 Abs. 1 BauGB noch durch die BauNVO zugelassen.[41]

3. In Bezug auf die eingangs erwähnte Trading-Down-Problematik durch Ausbreitung von „Billigläden" stellt sich die Frage, ob das Bauplanungsrecht Möglichkeiten eröffnet, textliche Festsetzungen mit qualitativen Vorgaben zu machen, die entsprechende Billigläden oder vergleichbare Einrichtungen ausschließen.
   a. In Bezug auf eine SO-Festsetzung hat das Bundesverwaltungsgericht jüngst bei einem Bebauungsplan für ein FOC Festsetzungen gebilligt, die Vorgaben hinsichtlich des Warenangebotes enthielten, also eine Beschränkung auf das Markenartikelsortiment von Herstellern anordnete, verknüpft mit weiteren Anforderungen, z. B. „Auslaufmodelle, Waren für Markttestzwecke etc.".[42] Das Bundesverwaltungsgericht hat diese Vorgehensweise im Hinblick auf die Definitionsmacht einer Gemeinde bei der Ausweisung eines SO-Gebietes gebilligt. Auch in Bezug auf die hinreichende Bestimmtheit entsprechender Festsetzungen hat das Bundesverwaltungsgericht keine Bedenken geäußert.
   b. Es ist fraglich, ob auf der Basis dieser Rechtsprechung auch bei der Überplanung bestehender Kern-, Misch- oder Gewerbegebiete qualitative Festsetzungen unter Anknüpfung an ein spezifisches Warensortiment möglich sind. Selbst wenn man annehmen wollte, derartige betriebsbezogene Festsetzungen stellten bodenrechtlich relevante Regelungen dar, die auch dem Bestimmtheitsgebot genügen könnten, ist Folgendes zu beachten: Die Ausweisung eines SO-Gebietes bei der Überplanung bestehender Kern-, Misch- oder Gewerbegebiete dürfte im Regelfall ausscheiden, weil Gebiete, die im Hinblick auf ihre zugelassenen Nutzungsarten einem der Baugebiete der BauNVO entsprechen, nicht als SO-Gebiet ausgewiesen werden

---

41 Vgl. insoweit auch VG Stuttgart, Urteil vom 27.6.2007 – 16 K 1141/05; die entsprechenden Bemühungen stellen einen – weiteren – grundsätzlich untauglichen Versuch dar, im Sinne vermeintlicher Rechtssicherheit mathematisch präzise Vorgaben zur bauplanerischen Zulässigkeit bestimmter Anlagen zu machen. Eine Notwendigkeit hierfür ist nicht erkennbar, da dem städtebaulichen Anliegen auch dadurch Rechnung getragen werden kann, dass die entsprechenden Anlagen im Plangebiet oder in Teilen hiervon ausnahmsweise zugelassen werden und lediglich in der Planbegründung darauf verwiesen wird, dass bei der Entscheidung über die Ausnahmeerteilung im Einzelfall darauf zu achten ist, dass in Abhängigkeit von der Sensibilität des betroffenen Bereichs keine Massierung der Anlagen eintritt, die einen Trading-Down-Effekt auslösen können; in diesem Sinne auch der Hinweis von Schmidt-Eichstaedt, Thesenpapier. Möglichkeiten und Grenzen der Steuerung von Vergnügungsstätten, Spielhallen und Entertainment-Center, Vortrag im 31/11. Kurs des Instituts für Städtebau Berlin „Städtebau und Recht", 26. bis 30.9.2011 in Berlin.

42 BVerwG, Beschluss vom 9.2.2011 – 4 BN 43/10, BauR 2011, 1118 ff.; vorangehend OVG Schleswig, Urteil vom 22.4.2010 – 1 KN 19/09, NordÖR 2011, 229 ff.

können. Unzulässig dürfte es auch sein, lediglich zum Zwecke gesteigerter Steuerungsmöglichkeiten für einen bestimmten Bereich SO-Gebietsfestsetzungen zu treffen, die bei einer diffusen Bebauung der tatsächlichen Baustruktur zuwiderlaufen und nicht erkennbar ist, dass eine Umstrukturierung im Sinne der getroffenen SO-Festsetzungen möglich ist bzw. tatsächlich angestrebt wird.

Bei Anwendung des klassischen „Steuerungsinstrumentariums" des § 1 Abs. 4–9 BauNVO gelten die bereits behandelten Beschränkungen: Denkbar wäre (allenfalls) eine Steuerung über § 1 Abs. 5 i.V.m. Abs. 9 BauNVO. Dies bedeutet: Soll in einem Teilbereich eines Kerngebietes ein Ausschluss von (Billigläden) erfolgen, dann ist dies nur dann denkbar, wenn mit der entsprechenden Festsetzung ein in der Realität vorhandener Anlagentypus bezeichnet wird.

c. Letztlich ist darauf hinzuweisen, dass sich bei planerischen Festsetzungen zur Vermeidung von Trading-Down-Effekten, speziell bei solchen zum Ausschluss von Unterarten baulicher Nutzungen in Plangebieten oder Teilen hiervon nicht selten die Frage nach der hinreichenden Bestimmtheit der Festsetzungen stellt. Dies gilt z. B. dann, wenn nur bestimmte Arten von Vergnügungsstätten ausgeschlossen werden sollen („Spielhallen oder ähnliche Einrichtungen") oder nur bestimmte Unterarten von Gaststätten. Im Grundsatz zeigt eine Analyse der Rechtsprechung zu entsprechenden Festsetzungen allerdings, dass hier regelmäßig keine überzogenen Anforderungen an die Bestimmtheit gestellt werden.[43]

Ungeklärt ist aber die Frage, wie die Anforderungen an die Bestimmtheit bauplanerischer Festsetzungen zu konkretisieren wären, wenn man qualitative Nutzungsausschlüsse (Verbot von „Billigläden") als grundsätzlich zulässig ansehen wollte. Insoweit verbleibt Klärungsbedarf durch höchstrichterliche Klarstellung – wobei einschränkend zu berücksichtigen ist, dass die Frage der hinreichenden Bestimmtheit einer bauplanerischen Festsetzung regelmäßig nur im Einzelfall beurteilt werden kann und sich

43 Vgl. bspw. die Festsetzung „Einzelhandelsgeschäft mit überwiegendem Sex- und Erotiksortiment" VGH Mannheim, Urteil vom 16.12.1991 – 8 S 14/89, NVwZ-RR 1993, 122 ff.; zu „Betrieben, deren Nutzung auf die Ausübung sexueller Handlungen innerhalb der Betriebsfläche ausgerichtet ist oder bei denen die Ausübung sexueller Handlungen ein betriebliches Wesensmerkmal darstellt (...)" VG München, Urteil vom 9.2.2006 – M 11 K 05.1994 – juris; „Gewerbebetriebe des Spielhallensektors und artverwandter Vergnügungsstätten (z. B. Peepshows) im Kellergeschoß, Erdgeschoß und ersten Obergeschoß" OVG Münster, Urteil vom 29.1.1997 – 11 A 2980/94, GewArch 1997, 385.

wohl nur schwer allgemeine Anforderungen formulieren lassen, die über das hinausgehen, was Stand der Rechtsprechung ist: nämlich die Anforderung, dass der Inhalt der Festsetzungen mit den herkömmlichen Methoden der juristischen Auslegung ermittelbar ist.

Verhinderung der Agglomeration von Spielhallen durch Bebauungsplanung

*Prof. Dr. Hans-Jörg Birk**

I. Vorbemerkung

Das Thema ist als Werkstattbericht aufbereitet: Wie geht eine Stadt oder Gemeinde sinnvollerweise vor, um mithilfe einer sicheren Bauleitplanung die Agglomeration von Spielhallen im Stadt-/Gemeindegebiet insgesamt oder in bestimmten (definierten) Bereichen zu vermeiden oder einzudämmen?

---

* Rechtsanwalt, Stuttgart.

Die gewerberechtliche Frage des Genehmigungserfordernisses von Spielhallen wird nur dort insoweit berührt, wie sie für die Bauleitplanung relevant erscheint. Dasselbe gilt für die bauordnungsrechtliche Thematik, dort insbesondere den Bereich des Stellplatznachweises.

II. Rechtliche Bestandsaufnahme

1. Spielhalle

Was ist eine Spielhalle? Spielhallen im hier verstandenen Sinne sind bauliche Nutzungen, in denen Spielgeräte mit oder ohne Gewinnmöglichkeiten (Geld- oder Warengewinn) einem unbestimmten Personenkreis zur Nutzung angeboten werden. Die Spielhalle ist bauplanungsrechtlich Vergnügungsstätte und den für diese geltenden, insbesondere in der Baunutzungsverordnung geregelten, Vorgaben unterworfen. Sonstige Vergnügungsstätten im Sinne der bauplanungsrechtlichen Vorschriften, insbesondere auch Abgrenzungsprobleme (z. B. Vergnügungsstätte und Gastronomie, Vergnügungsstätte und Sportanlagen, Vergnügungsstätten und Veranstaltungsräumen) interessieren vorliegend nicht.

2. Problemstellung Agglomeration

In der kommunalen Planungspraxis präsentieren sich Vergnügungsstätten sehr häufig als nachrückende Nutzungen in frei werdende Immobilienflächen. Einzelhandelsbetriebe, Gaststätten oder Büroräume werden geschlossen, Spielhallen rücken nach. Sie sind für die Grundstücks- und Gebäudeeigentümer aufgrund der – vorsichtig ausgedrückt – nicht niedrigen Mieten von hohem Interesse.

Diese „Marktsituation" führt dazu, dass die Spielstätten-Agglomeration als Form der Verdichtung bestimmter Nutzungen, insbesondere in städtischen Altbeständen auftaucht.

Bauplanungsrechtlich dürfte es sich in aller Regel um Gebiete handeln, die entweder schon vor längerer Zeit durch Bebauungspläne überplant worden oder (bis heute) nach § 34 BauGB zu beurteilen sind. Die Problematik der Agglomeration von Spielhallen taucht in neueren Baugebieten, insbesondere nach Inkrafttreten der BauNVO 1990, in aller Regel seltenerer auf, weil dort viele Städte und Gemeinden entweder – gleichsam automatisch – Spielhallen ausschließen oder beschränken oder es sich um Gebiete handelt, bei denen die Agglomeration solcher Einrichtungen ohne allzu große (jedenfalls gespürte) städtebauliche Bedeutung sind.

3. Die Rechtslage nach den Vorschriften der BauNVO

a. Die BauNVO 1990 unterscheidet zwischen kerngebietstypischen und nichtkerngebietstypischen Vergnügungsstätten.

Kerngebietstypische Vergnügungsstätten zeichnen sich entsprechend dem allgemeinen Gebietscharakter des Kerngebietes dadurch aus, dass sie als zentrale Dienstleistungsbetriebe auf dem Unterhaltungssektor einen größeren Einzugsbereich haben und für ein größeres und allgemeineres Publikum erreichbar sein sollen. Dabei spielt die Größe des Betriebes eine maßgebliche Rolle. Das Bundesverwaltungsgericht hat zum Ausdruck gebracht, dass eine Spielhalle mit über 200 m^2 Nutzfläche kerngebietstypisch ist,[1] eine solche mit 54 m^2 Fläche für höchstens zwanzig Besucher oder von 98 m^2[2] jedoch nicht. Die Entscheidungen der Oberverwaltungsgerichte und Verwaltungsgerichtshöfe haben in den letzten Jahren einen „Schwellenwert" von 100 m^2 Grundfläche herausgearbeitet, um die Grenze zwischen kerngebietstypisch und nichtkerngebietstypisch zu markieren. Das Bundesverwaltungsgericht hat gegenüber dieser Flächengröße zum Ausdruck gebracht, dies könne die Bedeutung eines wesentlichen Anhalts haben.[3] Mit dieser praktischen Pauschalierung hat die Praxis einen brauchbaren Überprüfungsansatz.

Zweifel, ob diese 100 m^2 die „richtige" Grenze zwischen kerngebietstypisch und nichtkerngebietstypisch darstellen, hat der Verwaltungsgerichtshof Baden-Württemberg in einer Entscheidung vom 22.2.2011[4] geäußert. Der VGH referiert in dieser Entscheidung die bisherige Rechtsprechung und verdeutlicht, diesem Schwellenwert von 100 m^2 sei § 3 Abs. 2 SpielV der früher geltenden Fassung zugrunde gelegt worden: „Diese Vorschrift regelte in ihrer bis zum 31.12.2005 geltenden Fassung, dass je 15 m^2 Grundfläche höchstens ein Geld- oder Warenspielgerät aufgestellt werden durfte. Insgesamt war die Anzahl dieser Geräte auf zehn beschränkt. Im Betrieb mit einer Nutzfläche von ca. 100 m^2 waren somit

1 BVerwG, Beschluss vom 28.7.1988 – 4 B 119.88.

2 BVerwG, Urteil vom 21.2.1986 – 4 C 31.83; BVerwG, Urteil vom 20.8.1992 – 4 C 57.89.

3 BVerwG, Urteil vom 20.8.1992 – 4 C 54.89; vgl. auch BGH, Urteil vom 23.9.1993 – III ZR 54.92; Gesamtübersicht bei Söfker, Ernst/Zinkahn/Bielenberg/Krautzberger, BauNVO § 6, Rn. 42.

4 3 S 445/09, VBlBW 2011, 235 ff.

max. sechs Geld- oder Warenspielgeräte zulässig. Solche Spielhallen wurden in aller Regel als mischgebietsverträglich eingestuft; sie waren aus betriebswirtschaftlicher Sicht im mittleren Bereich anzusiedeln."

Seit der jetzt geltenden Spielverordnung, die zum 1.1.2006 in Kraft getreten ist, darf nunmehr nicht mehr nur je 15 m² Grundfläche, sondern je 12 m² Grundfläche ein Geld- oder Gewinnspielgerät aufgestellt werden. Gleichzeitig wurde die maximal zulässige Anzahl solcher Spielgeräte je Betrieb von zehn auf zwölf erhöht. Der VGH hält fest: „Legt man der Abgrenzung von mischgebietsverträglichen zu kerngebietstypischen Spielhallen weiterhin den Schwellenwert von 100 m² zugrunde, so sind nunmehr auch Spielhallen mit acht Spielgeräten mischgebietsverträglich."

Der Verwaltungsgerichtshof Baden-Württemberg stellt dann sehr ausführlich dar, dass durch die Änderung der Spielverordnung eine erhebliche Veränderung der Struktur von Spielhallen ausgelöst wurde, die sich nach seiner Ansicht auch auf deren baurechtlich relevantes Störpotenzial ausgewirkt hat. Durch das Verbot der so genannten Fun Games habe sich die Zahl der Besucher pro gewerberechtlich konzessionierter Spielhalle im Regelfall reduziert, so dass auch die Störungen der Wohnnutzung in der Umgebung dieser Spielhalle, also die städtebaulich relevanten Auswirkungen, abgenommen hätten. Daraus leitet der VGH ab, dass aufgrund der Änderung der SpielV wohl an einem Schwellenwert von unter 100 m² Nutzfläche zur Abgrenzung zwischen dem kerngebietstypischen Vergnügungsstätten einerseits und den nicht kerngebietstypischen nicht festzuhalten sei, sondern der Schwellenwert höher anzusetzen sei.

Ob es bei dieser Rechtsprechung bleibt und wie überzeugend sie ist, soll (und muss) hier dahingestellt bleiben. Festzuhalten ist allein, dass diese Rechtsprechung zu (zunehmenden) Rechtsunsicherheiten in den konkreten (Bau-)Genehmigungsverfahren führt, wenn und soweit es auf die Abgrenzung zwischen kerngebietstypisch und nichtkerngebietstypisch ankommt.

b. Die bisher behandelte eindeutige Unterscheidung zwischen kerngebietstypisch/nichtkerngebietstypisch finden wir erst in der BauNVO 1990. In den früheren Baunutzungsverordnungen (1962, 1968, 1977) sind Vergnügungsstätten (zu denen Spielhallen gehören) nur in dem Katalog der allgemein zulässigen Nutzungen eines Kerngebietes (§ 7 Abs. 2 Nr. 2 BauNVO 1962) genannt. Literatur und Rechtsprechung gehen aber regelmäßig davon aus, dass Vergnügungsstätten nicht nur in Kerngebieten zulässig sind, sondern dass sie eine besondere Art eines gewerblichen Betriebes darstellen, und daher als „sonstiger Gewerbebetrieb" in Gewerbegebieten, insbesondere aber auch in Mischgebiete zugelassen werden können.[5] Voraussetzung für eine Zulassung in Mischgebieten ist allerdings, dass sie nicht dem Typus der Vergnügungsstätte entsprechen durften, wie er für Einrichtungen in Kerngebieten kennzeichnend ist. Es dürfen zudem – unter der Geltung früherer Baunutzungsverordnungen – keine wesentlichen Störungen der Wohnruhe vor allem am Abend und in der Nacht von diesen Vergnügungsstätten (Spielhallen) ausgehen.[6]

Auch für diese Abgrenzung der außerhalb des Kerngebietes zulässigen Vergnügungsstätten wurden die Begriffe kerngebietstypisch/nichtkerngebietstypisch verwendet und (sogar im besonderem Maße) mit dem dargestellten Schwellenwert von ca. 100 m² „gearbeitet".

c. Diese – bewusst kurz gehaltene – Analyse der Rechtslage auf der Basis der bestehenden Rechtsprechung (und ihrer jüngsten Änderungen) verdeutlicht, dass – zumindest aus heutiger Sicht – die Abgrenzung zwischen kerngebietstypischen und nichtkerngebietstypischen Vergnügungsstätten in Bebauungsplangebieten, unabhängig davon, auf welcher BauNVO sie beruhen, schwierig geworden ist.

d. Festzuhalten ist an dieser Stelle schon, dass das Kriterium kerngebietstypisch/nichtkerngebietstypisch nicht geeignet ist, Agglomerationen zu steuern. Es handelt sich ausschließlich um eine, zur Einordnung des Störpotenzials der jeweils betrachteten Spielhalle dienende Kategorisierung, die vor dem Hintergrund der im Bebauungsplan festgesetzten Baugebiete wirksam wird.

4. Spielhallen im Bereich des § 34 BauGB

Ebenfalls nur in aller Kürze soll auf die Spielhallenproblematik im Bereich des § 34 BauGB eingegangen werden. Dort wo gemäß § 34 Abs. 2 BauGB die Umgebung des Baugrundstückes einem der Baugebiete der BauNVO entspricht, ist von den dargestellten Regelungen der BauNVO 1990 auszugehen; die Verweisung in § 34 Abs. 2 BauGB ist insoweit dynamisch!

Kann die Umgebung nicht einem der Baugebiete der BauNVO zugeordnet werden, ist also § 34 Abs. 1 BauGB anwendbar, verbleibt es für die Vorausset-

5 Vgl. dazu insgesamt Söfker, a.a.O., BauNVO § 6 Rn. 48.

6 BVerwG, Urteil vom 25.11.1983 – 4 C 64.79, BVerwGE 68, 207.

zungen des „Einfügens“ bei den zu treffenden Unterscherscheidungen zwischen kerngebietstypisch und nichtkerngebietstypisch.[7] Die konkrete Feststellung kann im Einzelnen allerdings zu erheblichen Problemen führen.[8]

5. Folgen der SpielV

Es gibt Wechselwirkungen zwischen den bauplanungsrechtlichen Festsetzungsmöglichkeiten einerseits und den letztlich auf der Gewerbeordnung fußenden Regelungen in der „Verordnung über Spielgeräte und andere Spiele mit Gewinnmöglichkeit (Spieleverordnung – SpielV“) andererseits.[9] In § 1 sind die Bereiche geregelt, in denen Spielgeräte aufgestellt (Abs. 1) bzw. nicht aufgestellt werden dürfen. Zulässig sind Spielgeräte in Schank- und Speisewirtschaften, Beherbergungsbetrieben, Spielhallen und Wettannahmestellen der konzessionierten Buchmacher; nicht zulässig ist die Aufstellung auf Volksfesten, Schützenfesten oder ähnlichen Veranstaltungen, Jahrmärkten oder Spezialmärkten, in Trinkhallen, Speiseeiswirtschaften und Milchstuben sowie in Schank- und Speisewirtschaften oder Beherbergungsbetrieben, die – im weiteren Sinne – zusammen mit Sportanlagen betrieben werden oder die maßgeblich von Kindern oder Jugendlichen besucht werden.

In Gaststätten dürfen im Regelfall drei Geldspielgeräte aufgestellt werden; in Spielhallen darf je 12 m² Grundfläche höchstens ein Geld- oder Warenspielgerät aufgestellt werden, wobei die Gesamtzahl zwölf Geräte nicht überschreiten darf. Die Regelung für Spielhallen ist sehr detailliert ausgestaltet und verdeutlicht die widerstreitenden Interessen, samt dem (nicht wirklich) überzeugenden Kompromiss: Der Aufsteller hat die Geräte einzelner oder in einer Gruppe mit jeweils höchstens zwei Geräten in einem Abstand von mindestens 1 m aufzustellen, getrennt durch eine Sichtblende in einer Tiefe von mindestens 0,8 m, gemessen von der Gerätefront in Höhe mindestens der Geräteoberkante. Bei der Berechnung der Grundfläche bleiben Nebenräume wie Abstellräume, Fluren, Toiletten, Vorräume und Treppen außer Ansatz (§ 3 Abs. 2 Satz 2 SpielV).

7 BVerwG, Urteil vom 15.12.1994 – 4 C 13.92.

8 Vgl. dazu Söfker, a.a.O., BauGB § 34, Rn. 62 f.

9 Vom 27.1.2006, BGBl I S. 218.

III. Städtebauliche Ziele

Das gesamte Instrumentarium des BauGB und der BauNVO ist darauf ausgerichtet, städtebauliche Ziele umzusetzen. Dies gilt – auch wenn es banal klingen mag – selbstverständlich auch für die Verhinderung bestimmter baulicher Nutzungen, soweit sie in bestimmten Baugebieten allgemein zulässig sind, aber konkret vermieden werden sollen.

Vor diesem Hintergrund – dies nur als Zwischenbemerkung – erscheint die oftmals automatische Einschränkung von Vergnügungsstätten (insbesondere Spielhallen) bei der Neuaufstellung von Bebauungsplänen nicht ganz ohne Probleme zu sein, wenn hierfür kein näher definiertes städtebauliches Ziel auch in der Bebauungsplanbegründung (zum Teil nicht einmal im Ansatz) auftaucht!

1. Problemstellung

Die Tendenz zu Vergnügungsstätten – Agglomeration ist unverkennbar; sie lässt sich (sogar) etwas systematisieren:

a. Es ist eine allgemeine Zunahme von Vergnügungsstätten in Bereichen zu beobachten, die sich durch relativ kleine „einzelne" Flächeneinheiten auszeichnen, deren gewerbliche Nutzung, aus welchen Gründen auch immer, beendet werden. Einzelhandelsbetriebe tendieren gerade in den so genannten innenstadtrelevanten Sortimenten (Lebensmittel, Drogeriewaren, Bekleidung, Schuhe und Lederwaren) zu Flächengrößen, die die Gebäude in Innenstadtbereichen, vor allem wenn sie zu einem älteren Baubestand gehören, nicht aufweisen können. Vergleichbares gilt für aufgegebene Flächen von Gaststätten. Banken oder andere Dienstleistungseinrichtungen, die ihr Filialnetz abbauen, lassen ebenso ungenutzte Flächen zurück. All diese Leerstände präsentieren sich als bevorzugte „Angebote" für Spielhallenbetreiber. Eine sichere, ggf. auch erhöhte Mieteinnahme gegenüber der Vornutzung darf dabei zugunsten der Eigentümer unterstellt werden.

b. Die Vorgaben der Spielverordnung führen zu Erscheinungsformen von Spielhallen, die ohne die Regelungen der SpielV nicht vorstellbar wären! Dazu gehört Unterbringung von mehreren Spielhallen mit je zwölf Geräten auf max. 144 m^2 „Spielfläche" in einem Gebäude, selbstverständlich so organisiert, dass verschiedene Zugänge usw. zur Verfügung gestellt werden. Dazu gehört aber genauso die (neuerdings zunehmend zu beobachtende) Aufteilung von Gaststätten in mehrere Einheiten, um die Zahl der dort zulässigen Spielgeräte (je 3) erhöhen zu können.

c. Die geschilderten, zu beobachtenden Entwicklungen kumulieren und führen zu einer entsprechenden Agglomeration von Spielhallen.

2. Zulässige städtebauliche Ziele

Vor allem der Kommunalpolitik muss des Öfteren verdeutlicht werden, dass der „Jugendschutz“, der Kampf gegen die Spielsucht für sich genommen keine tragfähigen städtebaulichen Gründe darstellen. Sie könnten mit dem Blick auf § 1 Abs. 6 Ziff. 1 bis 5 BauGB sonstige städtebauliche Gründe unterstützen und ihnen zusätzliches Gewicht verleihen, sind aber für sich alleine nicht tragfähig. Das bedeutet, dass im Zusammenhang mit der Bestimmung des Regelungsbereiches, in dem Agglomerationen vermieden oder zurückgedrängt werden sollen, (wohl) vorrangig das Argument der Vermeidung von Trading-Down-Effekten bemüht werden muss. Konkret ist dabei allerdings von Bedeutung, wie sich denn diese Bereiche präsentieren, ob also (weitere) negative Entwicklungen nicht nur vorstellbar sind, sondern im Einzelnen auch prognostizierbar sind.

Hier muss eine konkrete Bestandaufnahme gegebenenfalls auch dazu führen können, in bestimmten städtischen Bereichen weitere Vergnügungsstätten im bauplanungsrechtlichen Umfang der jeweiligen Gebietskategorien zuzulassen, wenn eine entsprechende Analyse verdeutlicht, dass ein Ausschluss weiterer Vergnügungsstätten nur wenig an der tatsächlichen vorhandenen (negativ zu beurteilenden) Situation zu ändern in der Lage ist. Es gelten letztlich dieselben Grundsätze, die wir von den Einzelhandelskonzeptionen her kennen: Städtebauliche Ziele sind nur dann rechtssicher umsetzbar, wenn die gewählten Planungsinstrumentarien prognostisch in der Lage sind, das vorgegebene Ziel zu erreichen.

Aus diesen Überlegungen dürfte allgemein der Schluss zu ziehen sein, dass eine möglichst detaillierte städtebauliche Zieldefinition auf der Basis konkreter Bestandaufnahmen nicht nur sinnvoll, sondern erforderlich ist, um den Nachweis erbringen zu können, dass die gewählten Bebauungsplanfestsetzungen das erreichen können, was als städtebauliches Ziel definiert ist.

IV. Steuerungsmöglichkeiten

1. § 1 Abs. 5 und 9 BauNVO

In den Bebauungsplangebieten, in denen Vergnügungsstätten in Form von Spielhallen zulässig sind, können diese über § 1 Abs. 5 BauNVO bei Vorliegen entsprechender städtebaulicher Gründe ausgeschlossen werden. Keines der hier interessierenden Baugebiete verliert seinen Gebietscharakter dadurch, dass Vergnügungsstätten ausgeschlossen werden. Dies gilt im Übrigen auch für das Kerngebiet. Insoweit gelten für die Anwendung dieser planungsrechtlichen Steuerungsmöglichkeit keine Besonderheiten.

2. Besonderheiten von Einzelfestsetzungen

a. Ausschluss von Spielhallen in Erdgeschossen?

Der Trading-Down-Effekt ist in erster Linie eine Frage, welche Nutzungen in den Erdgeschossen stattfinden. Vor diesem Hintergrund stellt sich die Frage, ob eine Bebauungsplanfestsetzung zulässig ist, die Spielhallen in Erdgeschossen ausschließt, sie z. B. aber in Untergeschossen oder Obergeschossen zulässt. Eine solche Festsetzung begegnet nach § 1 Abs. 7 BauNVO keinen Bedenken; als besonderer städtebaulicher Grund, den § 1 Abs. 7 BauNVO verlangt, kann die Freihaltung der eigentlichen Erdgeschosszonen für andere Nutzungen verdeutlicht werden. Diese Festsetzungsmethode ist allerdings – wie die Praxis lehrt – nur bedingt geeignet, Trading-Down-Effekte zu vermeiden; sie können massiert dann eben in den anderen Geschossen auftreten. Und ein Weiteres kommt hinzu, was auch der Begriff des „trading down“ zum Ausdruck bringt: die Nutzung wirkt qualitätsmindernd auf die Umgebung. Spielhallen „vertreiben“ tendenziell andere als innenstadttypisch angesehene Nutzungen, die einen bestimmten „Umgebungsstandard“ voraussetzen. Dies gilt nicht nur für die Einzelhandelsbetriebe in den Erdgeschossen, sondern vor allem auch für die üblichen Obergeschossnutzungen durch freie Berufe oder vergleichbare Betriebe (Ärzte, Zahnärzte, Rechtsanwälte, Architekten, Physiotherapeuten usw.). Der Trading-Down-Effekt ist, so lehrt die Erfahrung, nicht nur ein Problem eines Straßenzuges oder eines Quartiers, sondern – vielleicht sogar in erster Linie – ein Problem des jeweiligen Gebäudes. Diese Form der gebäudebezogenen Auswirkungen ist übrigens einer der Gründe dafür, dass dann zunehmend mehrere Spielhallen in einem Gebäude auftauchen und angesiedelt werden, weil zuvor andere Nutzungen verschwunden sind.

b. Abstandsregelungen

Die Frage der Agglomeration ist eine Frage der Häufigkeit von Spielhallen in einem bestimmten räumlichen Bereich (Quartier, Straßenzug o.Ä.). Vor diesem Hintergrund stellt sich die Frage, ob das Bauplanungsrecht eine Festsetzung zur Verfügung stellt, diese Form der „Verdichtung" auszuschließen, also ob im Bebauungsplan z.B. Abstände definiert werden können, die – gemessen von einer bestehenden Spielhalle – festsetzen, dass innerhalb einer bestimmten Entfernung keine weitere Spielhalle realisiert und betrieben werden darf.

Das Instrumentarium der §§ 1 Abs. 5 und 9 BauNVO geben als Gliederungskriterium eines Baugebietes eine solche Festsetzungsmöglichkeit nicht her. Hierfür fehlt eindeutig die Rechtsgrundlage.

Keine Bedenken bestehen allerdings, für einen bestimmten räumlich definierten und städtebaulich begründeten Bereich Vergnügungsstätten insgesamt auszuschließen, diese aber ausnahmsweise dann zuzulassen, wenn Agglomerationswirkungen auszuschließen sind. Maßstab für das Fehlen von solchen Wirkungen kann der Abstand zwischen den Vergnügungsstätten sein. Dies kann als Ausnahmevoraussetzung in der Bebauungsplanfestsetzung definiert werden.

§ 31 Abs. 1 BauGB erlaubt den Gemeinden, die Rechtsprechung fordert dies zunehmend, die Konditionen für eine Ausnahme zu bestimmen. Ist der Ausschluss von Vergnügungsstätten städtebaulich zutreffend damit begründet, dass so dem Trading-Down-Effekt entgegengewirkt werden kann, dann kann die planende Gemeinde bestimmen, unter welchen Voraussetzungen ein solcher Trading-Down-Effekt prognostisch nicht eintritt, um darauf fußend ausnahmsweise eine Spielhalle zuzulassen.

Um den Bestimmtheitsgrundsatz zu gehorchen, erscheint es sinnvoll und notwendig, die Art der Abstandsmessung genau festzulegen; vorzuschlagen ist, von einem fußläufigen Abstand (nicht Luftlinie!) auszugehen. Diese Festsetzung beinhaltet dann, gleichsam automatisch, auch die eindeutige Aussage, dass mehrere Spielhallen innerhalb ein und desselben Gebäudes wegen der Abstandsunterschreitung ausgeschlossen sind.

Die Frage, von welchem Abstand bei der ausnahmsweisen Zulassung ausgegangen werden soll, ist nur im Einzelfall der jeweiligen Planungssituation zu klären. Dabei sind in besonderem Maße die im fraglichen Bereich schon vorhandenen Spielhallen zu berücksichtigen und hinsichtlich ihres Bestandes – sind sie denn in der vorhandenen Größe genehmigt worden – in die Bebauungsplanabwägung mit einzustellen. Auch die Frage, wie mit diesem Bestand bauplanungsrechtlich umgegangen wird, ob der (ebenfalls) nur im „Ausnahmebereich" planungsrechtlich verortet wird oder über § 1 Abs. 10 BauNVO im Bestand gesichert wird, ist eine Frage einer – zu empfehlenden – gemeindlichen Spielhallenkonzeption einerseits und der ordnungsgemäßen Abwägung andererseits. Dies gilt ebenso für die Frage, ob aufgrund der vorgegebenen, im Ausnahmebereich wirkenden Abstandsregelungen überhaupt noch weitere Spielhallen in dem fraglichen Quartier zulässig sind. Diese Fragen können nicht allgemein, sondern nur in der konkreten räumlichen und städtebaulichen Situation unter Einbeziehung der städtebaulichen Zielsetzung beantwortet werden. Nicht nur eine sorgfältige Bestandsaufnahme, sondern eine ebensolche Bebauungsplanbegründung und Abwägung tut Not.

c. Bebauungsplanfestsetzungen für Gaststätten?

Die zunehmend zu beobachtende „Zellteilung" von Gaststätten lässt die Frage aufkommen, ob im Bebauungsplan nach § 1 Abs. 5 bis 9 BauNVO Festsetzungen vorgenommen werden können, wonach in Gasstätten insgesamt oder unterhalb einer bestimmten Größe Geldspielautomaten nicht aufgestellt werden dürfen? Eine solche Festsetzung erscheint ausgeschlossen, weil nach § 1 Abs. 9 BauNVO nur „bestimmte Arten der in den Baugebieten allgemein oder ausnahmsweise zulässigen baulichen oder sonstigen Anlagen" ausgeschlossen werden können. Die „Schank- und Speisewirtschaft" mit Geldspielautomaten ist aber keine, die sich nach ihrer Art von einer solchen unterscheidet, die keine Geldspielautomaten hat. Auch eine indirekte Steuerung dadurch, dass in bestimmten Baugebieten nur Gasstätten mit einer bestimmten Mindestgröße zugelassen werden, dürfte im Bauplanungsrecht keine Rechtsgrundlage haben.

Vor diesem Hintergrund stellt sich auch hier die Frage, ob mit dem Instrument der Ausnahme nach § 31 Abs. 1 BauGB „gearbeitet" und ob dafür eine ausreichende städtebauliche Begründung gefunden werden kann. Dies würde bedeuteten, Gaststätten in bestimmten Bereichen auszuschließen und sie nur ausnahmsweise zuzulassen, wenn sie entweder (z. B.) eine bestimmte Gesamtgröße überschreiten oder (gar) nur dann, wenn sie keine Geldspielautomaten aufstellen. Es erscheint nur der zuletzt genannte Lösungsansatz überlegenswert zu sein, weil sich aus der Mindestgröße einer Gaststätte nichts für den Trading-Down-Effekt ableiten lässt. Anders als bei der vorgenannten Abstandsregelung von Spielhallen haben wir es bei der Gaststätte mit einem indirekten Regelungssystem zu tun! Nicht die Gaststätte produziert den Trading-Down-Effekt, sondern (möglicherweise) die in der Gaststätte vorhandenen maximal zulässigen drei Geldspielautomaten.

Die Frage, ob ein solcher Regelungsansatz rechtlich haltbar ist, kann kaum abschließend rechtssicher bewertet werden. Ich neige dazu, dass auf der Basis einer eindeutigen städtebaulichen Zielsetzung und Begründung auf diese Art und Weise auch Spielautomaten in Gasstätten nur ausnahmsweise zugelassen und damit letztlich ausgeschlossen werden können.

3. Kerngebietstypische/nichtkerngebietstypische Spielhallen?

Die ganzen vorstehenden Überlegungen haben den anfänglichen Blick auf kerngebietstypische/nichtkerngebietstypische Vergnügungsstätten verlassen. Dies ist bewusst geschehen. Diese Unterscheidung gibt für die Frage der Agglomeration, wie schon festgestellt, nichts her. Bei der Vermeidung von Agglomerationen oder bei der Umsetzung von Spielhallenkonzeptionen sollte deshalb auf diese Unterscheidung verzichtet werden. Sie ist, wie die jüngste Entscheidung insbesondere des VGH Baden-Württemberg zeigt,[10] in der Praxis nicht rechtssicher handhabbar.

V. Exkurs

Die Antwort auf die Frage der Instrumentarien gegen eine Agglomeration von Spielhallen kann nicht beendet werden, ohne darauf hinzuweisen, dass der beabsichtigte, sich noch in Verhandlungen befindliche „Erste Staatsvertrag zur Änderung des Staatsvertrages zum Glücksspielwesen in Deutschland“ in seinem § 25 vorsieht, dass zwischen Spielhallen ein Mindestabstand einzuhalten ist (Verbot von Mehrfachkonzessionen). Die Einzelheiten sollen die Länder regeln. Dieser Staatsvertrag ist noch in der Diskussion; nach letzten Meldungen hat auch die Europäische Kommission erhebliche Bedenken angemeldet.

Hinzuweisen ist weiter darauf, dass das Spielhallengesetz des Landes Berlin vom 20.5.2011 in § 2 ausdrücklich regelt, dass für jeden Spielhallenstandort nur ein Unternehmen zugelassen werden darf. Der Abstand zu weiteren Unternehmen soll 500 m nicht unterschreiten. Die Länder Hessen und Bremen arbeiten an vergleichbaren Gesetzen. Ob diese Regelungen, auch unter verfassungsrechtlichen Gesichtspunkten, halten, bleibt abzuwarten.

10 VGH B.-W., Urteil vom 22.2.2011 – 3 S 445/09, VBlBW 2011, 235 ff.

Bekämpfung des innerörtlichen Leerstands durch Stadtplanung? – Das Fördermodell Innen vor Außen

*Prof. Dr.-Ing. Alfred Ruther-Mehlis**

* Hochschule für Wirtschaft und Umwelt, Nürtingen-Geislingen.

I. Zusammenfassung

Die Stadtplanung bekämpft innerörtliche Leerstände auf vielfältige Art und Weise. Sie erleichtert mit innovativen Erhebungsinstrumenten die Markttransparenz zu Innenentwicklungspotenzialen, sie entwickelt Handlungshilfen zu deren Aktivierung und sie ermöglicht durch ein integratives Flächenmanagement eine ausbalancierte sozial- und marktgerechte Steuerung der Siedlungsentwicklung. Nicht zuletzt jedoch sind auf diese Instrumente abgestimmte Fördermodelle ein wesentlicher Bestandteil stadtplanerischen Handelns. Als innovatives Beispiel eines solchen finanziellen Instruments soll hier das Fördermodell „Innen vor Außen" vorgestellt werden.

Das Ministerium für Umwelt, Energie und Klima des Landes Baden-Württemberg hat im Rahmen des Programmes „Flächen gewinnen" die Erarbeitung eines sich selbst finanzierenden kommunalen Fördermodells am Beispiel der Stadt Crailsheim finanziell unterstützt. Die Stadt Crailsheim verfolgt seit Jahren mit Nachdruck eine Konzentration der Siedlungstätigkeit auf den Innenbereich. Innerörtliche Bauflächen sollen verstärkt aktiviert und einer Bebauung zugänglich gemacht werden. Die bisherigen Erfahrungen in Crailsheim zeigen allerdings, dass Beratungsangebote und Überzeugungsarbeit alleine oft nicht ausreichen, um Grundstückseigentümer zu einem Verkauf oder einer Bebauung innerörtlicher Flächenpotenziale zu bewegen. Mit einem kommunalen Förderprogramm möchte die Stadt Crailsheim nun eine gezielte finanzielle Unterstützung und somit einen wesentlichen Anreiz zur Aktivierung von Innenentwicklungspotenzialen leisten. Es ist vorgesehen, dafür in einer Anfangsphase jährlich 50.000 € im Haushalt der Stadt Crailsheim als Förderbudget bereitzustellen. Dieser Betrag wird einerseits durch den kommunalen Einspareffekt bei einer reduzierten Außenentwicklung finanziert. Der Einspareffekt entsteht dadurch, dass für Wohnbauentwicklungen im Außenbereich Folgekosten für neu herzustellende, teils kostenintensive Anlagen entstehen, währenddessen bei der Innenentwicklung bestehende Infrastrukturen genutzt und besser ausgelastet werden können.

Ergänzend soll die Erhebung einer „Innenentwicklungsumlage" bei neuen Baugebieten im Außenbereich zur finanziellen Ausstattung des Förderprogramms beitragen. Da sich aus wirtschaftlicher Sicht notwendige Abbruch- oder Abrissmaßnahmen als das hauptsächliche finanzielle Hemmnis für die Nutzbarmachung und ggf. den Verkauf innerörtlicher Bauplätze darstellen, sollen mit dem Crailsheimer Förderprogramm „Innen vor Außen" (IVA) vor allem Abbruch- und Abräumkosten nicht erhaltenswerter Bausubstanz gefördert werden.

Der Gemeinderat der Stadt Crailsheim hat am 29.9.2011 in öffentlicher Sitzung der Einrichtung des Förderprogramms „Innen vor Außen" (IVA) auf der Grundlage des Forschungsberichtes zugestimmt und das Fördergebiet auf das gesamte Stadtgebiet ausgedehnt. Die Entwicklung des Fördermodells und die Erarbeitung des Projektberichtes vom Juni 2011, der die Grundlage des folgenden Textes darstellt, erfolgte im Zeitraum November 2009 bis Juni 2011 durch das Institut für Stadt- und Regionalentwicklung IfSR an der Hochschule für Wirtschaft und Umwelt Nürtingen-Geislingen im Auftrag und in Zusammenarbeit mit der Stadt Crailsheim. Bearbeiter seitens des IfSR waren Prof. Dr. Alfred Ruther-Mehlis, Dipl.-Ing. (FH) Heidrun Fischer und Dipl.-Betriebswirt (FH) Michael Weber sowie seitens der Stadt Crailsheim Bürgermeister RBM Dipl.-Ing. Herbert Holl und Dipl.-Ing. Michael Bader.

Die Internetpräsenz für Bürgerinnen und Bürger der Stadt Crailsheim befindet sich unter http://www.crailsheim.de/2389.0.html.

Abbildung 1: Beispiele für Neubauten im Innenbereich (Quelle IfSR)

II. Überblick

1. Motivation und Zielsetzung des Modellvorhabens

Aktuelle Untersuchungen und Berechnungen haben gezeigt, dass die Entwicklung von Wohnbauland im Außenbereich nicht nur ökologisch und sozial problematisch ist, sondern auch hohe wirtschaftliche Risiken für die Gemeinden birgt.

Innenentwicklung setzt Impulse zur Wiederbelebung der überalternden Ortskerne, der Flächenverbrauch im Außenbereich wird reduziert, Natur und Umwelt werden geschont. Innenentwicklung ermöglicht zudem eine bessere Auslastung bestehender Infrastrukturen. Für Wohnbauentwicklungen im Außenbereich hingegen sind die Herstellung und der anschließende Unterhalt neuer und teilweise kostenintensiver Anlagen notwendig.

Aufgrund des – wie auch in vielen anderen Gemeinden – niedrigen Bodenpreisniveaus in den Crailsheimer Stadtteilen ist der wirtschaftliche Anreiz für eine Veräußerung der sich meistens in privater Hand befindlichen innerörtlichen Bauflächen für die Eigentümer oftmals gering. Wenn ein solches Grundstück zudem mit einer Altimmobilie „belastet" ist, gehen die anfallenden Rückbauaufwendungen zulasten des Grundstückeigentümers, so dass in vielen Fällen faktisch kein Verkaufserlös erzielbar ist. Angesichts dieser Problematik möchte die Stadt Crailsheim neue Impulse setzen und durch eine gezielte finanzielle Unterstützung einen wesentlichen Anreiz zur Aktivierung von Innenentwicklungspotenzialen leisten.

Mithilfe eines Rechenmodells soll für die Stadt Crailsheim dabei zunächst die Frage beantwortet werden, inwieweit eine ergänzende finanzielle Förderung der Innenentwicklung durch eine verringerte bzw. gezielt mit einer Innenentwicklungsumlage kombinierten Außenentwicklung für die Gemeinde kostenneutral erfolgen kann. Ziel des Modellprojektes ist der Entwurf und die Initiierung eines städtischen Förderprogramms, mit dem eine akzeptable Wirtschaftlichkeit der Innenentwicklungspotenziale aus Eigentümersicht hergestellt werden kann, um eine Steigerung der jährlich aktivierten Innenentwicklungspotenziale zu erreichen.

2. Vorgehensweise und Ergebnisse des Modellvorhabens

Das Modellprojekt wurde vom Ministerium für Umwelt, Klima und Energiewirtschaft des Landes Baden-Württemberg im Rahmen des Programms „Flächen Gewinnen durch Innenentwicklung " gefördert. Die grundlegende Annahme, dass eine verringerte Außenentwicklung für die Stadt zu Einsparungen bei Investitions- und Folgekosten führt, war der Ausgangspunkt der Untersuchung. Um zu tragfähigen Ergebnissen bezüglich dieser Einsparungseffekte zu kommen, wurde die Wirtschaftlichkeit von Baugebietsentwicklungen anhand mehrerer tatsächlich realisierter Baugebiete in Crailsheim untersucht. Dies erfolgte durch eine umfangreiche Datenerhebung zu den damaligen Herstellungs-, Grunderwerbs- und Planungskosten. Auf Grundlage der erhobenen Daten konnten mögliche Kosteneinsparungen durch eine verringerte Außenentwicklung für das Rechenmodell quantifiziert werden. Ergänzend und als Referenzwerte wurden Daten aus dem Rechenmodell fokos-bw[1] herangezogen.

Da auch bei einer reduzierten Außenentwicklung der zukünftige Wohnbauflächenbedarf in der Stadt Crailsheim gedeckt werden soll, ist eine entsprechende Intensivierung der Innenentwicklung notwendig. Unterschiedliche Planungsvarianten des zukünftigen Verhältnisses von Innen- zu Außenentwicklung und die jeweils resultierenden Auswirkungen auf die zukünftigen Flächenbedarfe wurden geprüft, um realistische Annahmen für das Rechenmodell treffen zu können.

Eine Bebauung der Innenentwicklungspotenziale kann sich besonders in wirtschaftlicher Hinsicht sehr unterschiedlich darstellen. Um dies zu berücksichtigen, wurden auf der Grundlage umfassender Erhebungen in den Crailsheimer Stadtteilen verschiedene Typen von Innenentwicklungspotenzialen gebildet. Es wurden dabei diejenigen Faktoren berücksichtigt, die einen großen Einfluss auf die notwendigen finanziellen Aufwendungen für eine Baureifmachung der Grundstücke haben. Vorhandene Erhebungen der Stadt Crailsheim wurden speziell auf diese Aspekte hin analysiert.

Mit dem abschließend ausgearbeiteten Förderprogramm zur Unterstützung der Innenentwicklung „Innen vor Außen" (IVA) sollen die seitherigen Aktivierungshemmnisse innerörtlicher Potenzialflächen abgebaut und eine deutliche Steigerung der jährlichen Aktivierungsraten erreicht werden. Das Förderprogramm unterstützt jedoch nur wirtschaftliche Aspekte der Aktivierung von Innenentwicklungspotenzialen. Die Wirkung des Förderprogramms hängt auch von weiteren flankierenden Maßnahmen der Stadtverwaltung, wie beispielsweise Öffentlichkeitsarbeit oder einer regelmäßigen und systematischen Eigentümerbefragung von Potenzialflächen ab. Dies stellt eine neue und langfristige Aufgabe dar, die für die Verwaltung mit einem nicht unerheblichen

1 Forschungsprojekt der Hochschule für Wirtschaft und Umwelt Nürtingen-Geislingen und der STEG Stadtentwicklung GmbH: Wirtschaftlichkeit der Siedlungsentwicklung als Beitrag zur Nachhaltigkeit, gefördert vom Umweltministerium Baden-Württemberg, www.fokosbw.de.

personellen Aufwand verbunden ist. Die enge und kontinuierliche Abstimmung der Arbeitsschritte und der Zwischenergebnisse zwischen der Stadtverwaltung Crailsheim und dem Institut für Stadt- und Regionalentwicklung an der Hochschule Nürtingen-Geislingen ermöglichte ein sehr anwendungsorientiertes Vorgehen und an die individuellen Gegebenheiten der Stadt angepasste Lösungen.

III. Rechenmodell

1. Aufbau des Rechenmodells, Datengrundlage

Grundlage für das Rechenmodell ist die Berechnung des künftigen Wohnbauflächenbedarfs unter Berücksichtigung vorhandener Innenentwicklungspotenziale. Das Rechenmodell verfügt dafür über Eingabemöglichkeiten zu den kommunalen Grunddaten (u. a. Einwohnerprognosen, Planungszeitraum, Annahmen zum Belegungsdichterückgang, zukünftig geplante Dichte), die zur Berechnung notwendig sind. So können unterschiedliche Annahmen zur Einwohnerentwicklung unter Berücksichtigung verschiedener zeitlicher Perspektiven und Annahmen zu Bebauungsdichten oder die quantitative Berücksichtigung vorhandener Innenentwicklungspotenziale durchgerechnet werden.

Die Abbildung der Zielsetzung einer verstärkten Förderung der Innenentwicklung kann über verschiedene Annahmen zur Aktivierung von innerörtlichen Potenzialflächen erfolgen. Der Aufbau des Rechenmodells ermöglicht es somit, die Auswirkungen verschiedener kommunaler Planungsvarianten zu betrachten.

2. Wohnbauflächenbedarf und Innenentwicklungspotenziale

a. Wohnbauflächenbedarf

Die Berechnung des zukünftigen Wohnbauflächenbedarfs in der Stadt Crailsheim ist abhängig von der Bevölkerungsentwicklung (Bedarf aus prognostizierter Bevölkerungsentwicklung), dem Belegungsdichterückgang (anhaltender Trend zu steigenden Haushaltszahlen, kleineren Haushaltsgrößen und steigender Wohnflächennachfrage pro Kopf) und der geplanten Dichte in künftigen Wohngebieten (Vorgaben des Regionalplans). Daraus ergibt sich für die Stadt Crailsheim bis 2025 in der Modellrechnung ein gesamter zukünftiger Wohnbauflächenbedarf von ca. 51 ha (absoluter zusätzlicher Wohnbauflächenbedarf).[2]

Die Berechnung des zukünftigen Flächenbedarfs im Außenbereich erfolgt durch Abzug

- der Flächenpotenziale auf noch nicht bebauten Bauplätzen in Bebauungsplangebieten in Höhe von 3,1 ha[3]
  sowie
- der für Wohnbebauung aktivierbaren Flächenpotenziale im unbeplanten Innenbereich (Baulücken, Nachverdichtungspotenziale – siehe nachfolgendes Kapitel)

von dem ermittelten gesamten zukünftigen Wohnbauflächenbedarf.

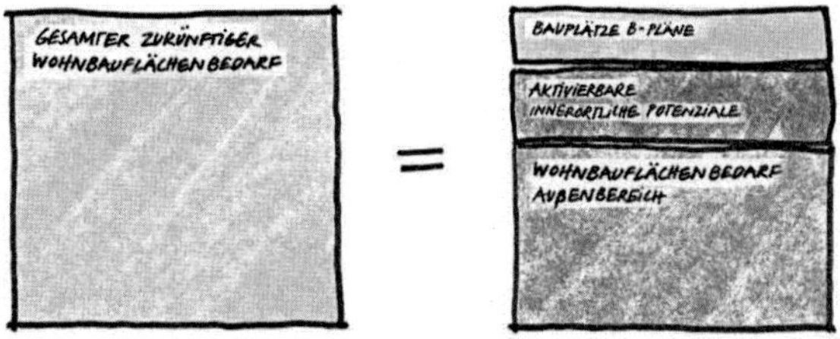

Abbildung 2: Der gesamte zukünftige Flächenbedarf wird gedeckt aus noch nicht bebauten Wohnbauflächen in Bebauungsplangebieten, zu aktivierenden innerörtlichen Flächenpotenzialen und noch zu entwickelnden Wohnbauflächen im Außenbereich (Quelle IfSR)

b. Anrechnung vorhandener Innenentwicklungspotenziale

Die Stadt Crailsheim erstellt sukzessive so genannte „Neuordnungskonzepte"[4] für die Ortskerne der Stadtteile nach einer vom Gemeinderat beschlossenen Reihenfolge. In den Neuordnungskonzepten werden systematisch alle innerört-

2 Die Berechnung des künftigen Wohnbauflächenbedarfs in der Modellrechnung basiert auf der Methode in den Hinweisen des Wirtschaftsministeriums Baden-Württemberg zur Plausibilitätsprüfung des Bauflächenbedarfs aus dem Jahr 2009, welche auch im Wohnbauflächenentwicklungskonzept der Stadt Crailsheim angewandt wird. In der Berechnung im Wohnbauflächenentwicklungskonzept der Stadt Crailsheim wird jedoch das Jahr 2007 als Ausgangsjahr angesetzt. Daher erklären sich die verschiedenen Ergebnisse bezüglich des zukünftigen Wohnbauflächenbedarfs.

3 Ermittlung der Stadt Crailsheim im Rahmen der genannten Plausibilitätsprüfung.

4 Die Neuordnungskonzepte für die Stadtteile in Crailsheim sind unter www.crailsheim.de abrufbar.

lichen Entwicklungspotenziale erfasst und konkrete Einzelmaßnahmen für deren Aktivierung aufgezeigt. Insgesamt liegen nach Angaben der Neuordnungskonzepte in den Stadtteilen Onolzheim, Tiefenbach, Triensbach, Roßfeld, Ingersheim, Westgartshausen/Wittau und Jagstheim theoretisch für Wohnbebauung aktivierbare Flächenpotenziale im unbeplanten Innenbereich von ca. 28 ha vor.

Für die Stadtteile Altenmünster, Goldbach und Beuerlbach liegen derzeit noch keine Neuordnungskonzepte vor. Zur mengenmäßigen Einschätzung der dort verfügbaren innerörtlichen Potenzialflächen wurde aufgrund der Ortskenntnis der beteiligten Planer die Annahme getroffen, dass in diesen Stadtteilen im gleichen Verhältnis Potenzialflächen je ha Untersuchungsgebiet vorhanden sind wie in den bereits erhobenen Stadtteilen. Diese Annahme ist Grundlage für die Modellrechnung, kann jedoch eine individuelle Erhebung der Potenzialflächen in diesen Stadtteilen nicht ersetzen. In den genannten Stadtteilen liegen entsprechend der beschriebenen Annahme weitere ca. 18 ha theoretisch aktivierbare Flächenpotenziale im unbeplanten Innenbereich vor. Insgesamt ergibt sich daraus ein theoretisch zu berücksichtigendes Innenentwicklungspotenzial von ca. 45,8 ha.

Potenziale in der Crailsheimer Kernstadt sind in der Modellrechnung nicht berücksichtigt. [5] In den letzten 15 Jahren wurden in der Kernstadt in großem Umfang Innenentwicklungsflächen aktiviert. Im Gegensatz zur Situation in den Stadtteilen stehen dort keine nennenswerten Flächen mehr zur Verfügung. Falls einzelne Grundstücke für eine Bebauung oder Nachverdichtung infrage kommen, ist aufgrund der höheren erzielbaren Bodenpreise zudem ein wirtschaftlicher Anreiz für eine Bebauung gegeben.

c. Ist-Zustand und Zielsetzung Innenentwicklung

Aufgrund unterschiedlicher Einflussfaktoren (Eigentümerinteressen etc.) kann nur ein Teil des theoretischen Innenentwicklungspotenzials tatsächlich aktiviert und einer Wohnnutzung zugeführt werden. Um in der Modellrechnung Annahmen für das tatsächlich realisierbare Potenzial ableiten zu können, werden Aktivierungsraten zu Hilfe genommen. Damit können Annahmen zur Aktivierbarkeit aller Innenentwicklungspotenziale in einem definierten Zeitraum getroffen werden. Dabei wird beispielsweise davon ausgegangen, dass pro Jahr 1 % aller verbleibenden Innenentwicklungspotenziale aktiviert werden kann. Laut Erfah-

5 Nicht zur Kernstadt gehören die Stadtteile Altenmünster, Beuerlbach, Goldbach, Ingersheim, Jagstheim, Onolzheim, Roßfeld, Tiefenbach, Triensbach, und Westgartshausen/Wittau.

rungen aus anderen Untersuchungen bewegen sich realistische Werte bei Aktivierungsraten zwischen 1 % und 3 %.[6]

Entsprechend der vorhandenen Erfahrungswerte in der Stadtverwaltung Crailsheim wird eine Aktivierungsrate von 1 % angenommen, um den Ist-Zustand betreffend der Aktivierung von Innenentwicklungspotenzialen zu beschreiben. Es wird also davon ausgegangen, dass auch ohne zusätzliche Unterstützung durch die Stadt unter ansonsten gleichbleibenden Rahmenbedingungen jährlich 1 % aller verbleibenden Innenentwicklungspotenziale aktiviert werden können. Bei einem Planungszeitraum von 15 Jahren würde dies eine Aktivierung von ca. 14 % aller ursprünglich erhobenen Innenentwicklungspotenziale bedeuten.

Als Zielsetzung wird eine erhöhte Aktivierungsrate definiert, die durch eine finanzielle Förderung und ggf. weitere Unterstützung (kommunalpolitische Ziele, Baulandpolitik, Öffentlichkeitsarbeit ...) erreicht werden soll. In der Modellrechnung wird eine Aktivierungsrate von jährlich 2,5 % als Zielsetzung angesetzt. Bei einem Planungszeitraum von 15 Jahren würde dies eine Aktivierung von ca. 32 % aller ursprünglich erhobenen Innenentwicklungspotenziale bedeuten. Im Gegenzug könnten im selben Zeitraum dadurch ca. 8 ha zu entwickelnde Flächen im Außenbereich eingespart werden.

Um die Auswirkungen unterschiedlicher Aktivierungsraten zur Beschreibung des Ist-Zustands und der Zielsetzung zur Aktivierung der Innenentwicklungspotenziale nachvollziehen zu können, ist im Rechenmodell eine freie Eingabe möglich.

Aus dem Vergleich zwischen Ist-Zustand und Zielsetzung ergeben sich, bezogen auf das Verhältnis von Innen- zu Außenentwicklung, unterschiedliche Szenarien zur zukünftigen Flächeninanspruchnahme im Außenbereich und im Innenbereich. Der zukünftige Flächenbedarf insgesamt bleibt jedoch unter der Annahme, dass der gesamte Wohnbauflächenbedarf gedeckt werden soll, in allen Szenarien gleich.

Aus dem Vergleich zwischen Ist-Zustand und Zielsetzung ergibt sich das mögliche finanzielle Einsparpotenzial bei einer reduzierten Außenentwicklung bzw. einer alternativen Deckung des zukünftigen Flächenbedarfs durch innerörtliche Potenziale. Zur Ermittlung des Einsparpotenzials werden im Rechenmodell der voraussichtlich bei der Entwicklung der Flächen entstehende Kostenanteil der Stadt mit und ohne zusätzliche Innenentwicklung verglichen. In dem oben dargestellten Szenario wird die voraussichtliche Kosteneinsparung für

6 Erfahrungswerte aus den Forschungsprojekten komreg (www.komreg.info) und PFIF (www.pfif.info).

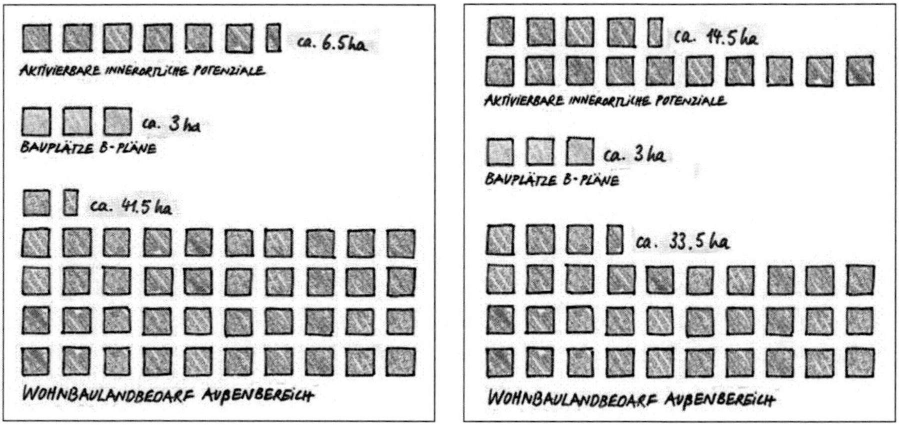

Abbildung 3: „Flächenverteilung" bei Aktivierungsraten von 1 % (links) und 2,5 % (rechts) (Quelle IfSR)

33,5 ha anstatt 41,5 ha Außenentwicklungsflächen ermittelt. Gleichzeitig wird gegengerechnet, welche finanziellen Auswirkungen durch die Entwicklung von 14,5 ha statt 6,5 ha innerörtlicher Flächenpotenziale entstehen.

IV. Betrachtete Kostenarten

1. Welche Kosten werden bei einer reduzierten Außenentwicklung und gesteigerter Innenentwicklung im Rechenmodell berücksichtigt?

Im Folgenden wird ein Überblick über die betrachteten Kostenarten gegeben. Detaillierte Annahmen und Werte können dem Datenblatt im Anhang oder dem Rechenmodell, welches der Stadt Crailsheim vorliegt, entnommen werden.

a. Folgekosten (Betriebs- und Unterhaltungskosten)

Für Betriebs- und Unterhaltungskosten der technischen Infrastruktur werden im Rechenmodell2 % der Herstellungskosten von Verkehrsanlagen und 1,5 % von Grün- und Spielflächen veranschlagt. Die angesetzten Folge- und Herstellungskosten beruhen auf Untersuchungen tatsächlich in Crailsheim realisierter Baugebietsentwicklungen und decken sich weitgehend mit den Erhebungen im Rahmen des Forschungsprojektes fokos-bw. Um die Kostensteigerungen seit der Entwicklung der untersuchten Baugebiete zu berücksichtigen, wurden die Werte entsprechend angepasst.

Jeweils in getrennten Berechnungsschritten werden Kosten für Verkehrsanlagen (enthalten sind dabei Kosten für Straßenunterhaltung und Reparatur, Betrieb und Unterhaltung der Straßenbeleuchtung sowie Straßenreinigung und Winterdienst) sowie Grün- und Spielflächen (enthalten sind dabei Kosten für Grünpflege sowie regelmäßige Kontrollen, Reparaturen und Erfüllen der Verkehrssicherungspflicht) betrachtet. Bei Baugebietsentwicklungen im Außenbereich sind neue Grün- und Spielflächen herzustellen und zu unterhalten. Bei einer erhöhten Innenentwicklung können diese Folgekosten reduziert werden. Verkehrsanlagen werden in geringem Umfang auch bei der Innenentwicklung erforderlich werden und somit Folgekosten nach sich ziehen. Es überwiegt jedoch der Einspareffekt bei einer erhöhten Innenentwicklung. Folgekosten für Wasserversorgung und Abwasserentsorgung werden nicht berücksichtigt, da diese außerhalb des kommunalen Haushaltes kostendeckend abgerechnet werden (Wasserversorgung über Stadtwerke, Abwasser über Beiträge). Die faktische Mehrbelastung für zusätzlich erforderliche Infrastruktur für den Gebühren- bzw. Beitragszahler bleibt davon unberührt. Für die Anwendung in anderen Städten und Gemeinden ist im Rechenmodell eine Eingabemöglichkeit vorhanden.

In der Modellrechnung nicht berücksichtigt werden Folgekosten, die für Pflege bzw. Unterhaltung von ökologischen Ausgleichsmaßnahmen für zukünftige Außenentwicklungen anfallen. Aufgrund der Bandbreite möglicher Ausgleichsmaßnahmen und der daraus resultierend unterschiedlichen Anforderungen an deren Pflege und Unterhaltung sind die dabei entstehenden Kosten nicht ausreichend sicher kalkulierbar. Die Folgekosten der Außenentwicklung liegen daher höher als im Datenblatt (siehe Anlage) dargestellt.

b. Rücklagen für Wiederherstellung und Erneuerung

Die Haltbarkeit und Funktionsfähigkeit von Erschließungsanlagen ist begrenzt. Um die Funktionsfähigkeit der geschaffenen Infrastruktur dauerhaft aufrechtzuerhalten und zu sichern, sind in größeren Abständen ergänzend zur laufenden Instandhaltung (z.B. einzelne Schlaglöcher ausbessern) zusätzlich Wiederherstellungs- und Erneuerungsmaßnahmen erforderlich.

Für Verkehrsflächen, Grünflächen und Spielflächen wird im Rechenmodell (in Anlehnung an das Neue Kommunale Haushalts- und Rechnungswesen) eine so genannte Nutzungsdauer festgelegt, anhand derer sich eine jährliche Rücklage bestimmen lässt. Somit soll gewährleistet werden, dass nach Ablauf der Nutzungsdauer finanzielle Mittel für Wiederherstellungsmaßnahmen zur Verfügung stehen, die über den Zeitraum der Nutzung der Anlage angespart worden sind. Bei Grünflächen und Spielflächen ist von einer sukzessiven Erneuerung der Anlagen statt einer einmaligen Wiederherstellung nach Ende der Nutzungsdauer auszugehen. Bei der Kalkulation wird zudem ein Faktor zur Preissteigerung berücksichtigt.

2. Welche Kosten werden im Rechenmodell nicht berücksichtigt?

a. Verwaltungsaufwand für die Baulandentwicklung

Der für die Entwicklung von Flächen im Außenbereich anfallende kommunale Verwaltungsaufwand (Projektentwicklung und Projektbetreuung, Grundstücksgeschäfte, Steuerung und Koordination, Vergabemanagement etc.) wird im Rechenmodell nicht berücksichtigt. Bei der Kalkulation der Verkaufspreise wird davon ausgegangen, dass diese Kosten durch den Verkauf der Grundstücke refinanziert werden. Für die Anwendung in anderen Städten und Gemeinden ist im Rechenmodell eine Eingabemöglichkeit vorhanden.

b. Herstellungskosten

Die Herstellungskosten (Grunderwerbskosten und Grunderwerbsnebenkosten, Planungskosten, Vorbereitungskosten, Erschließungskosten) für Flächen im Außenbereich werden im Rechenmodell nicht berücksichtigt. Die Stadt Crailsheim entwickelt im Außenbereich im Regelfall nur eigene Flächen zu Bauland (städtische Baugebiete, vollständiger Aufkauf). Bei der Kalkulation der Verkaufspreise wird davon ausgegangen, dass diese Kosten durch den Verkauf der Grundstücke refinanziert werden.

Bei Innenentwicklungsvorhaben fallen aufgrund der dort vorhandenen Kleinteiligkeit – es sind dort selten Erschließungen mit mehr als zwei angeschlossenen Wohngrundstücken notwendig – in der Regel keine kommunalen Kosten für Grunderwerb, Planung und Vorbereitung an. Soweit überhaupt erforderlich, werden diese Kosten privat getragen oder refinanziert (Verkaufspreise oder vertragliche Regelungen).

c. Finanzierungskosten

Anfallende Finanzierungskosten für die Aufwendungen zur Gebietsentwicklung (Zwischenfinanzierung Grunderwerb, Planung und Erschließung) werden im Rechenmodell nicht berücksichtigt. Bei einer kostendeckenden Gesamtkalkulation werden die Finanzierungskosten, ebenso wie die Herstellungskosten, durch den Verkauf der Grundstücke refinanziert und stellen sich für die Stadt kostenneutral dar. Für die Anwendung in anderen Städten und Gemeinden ist im Rechenmodell eine Eingabemöglichkeit vorhanden.

d. Herstellungs-, Betriebs- und Unterhaltungskosten für soziale Infrastruktur

Herstellungs-, Betriebs- und Unterhaltungskosten für soziale Infrastruktur werden im Rechenmodell nicht berücksichtigt. Die Stadt Crailsheim geht davon aus, dass weder aufgrund der geplanten Neubaugebiete im Außenbereich noch im Zuge der Innenentwicklung neue Einrichtungen wie Kindergärten oder Schulen erforderlich werden, die zusätzliche Kosten verursachen.

e. Grundsteuer

Bei Baugebietsentwicklungen im Außenbereich entstehen Einnahmegewinne durch kommunale Einnahmen aus der Grundsteuer B (für die zukünftig bebauten oder bebaubaren Grundstücke und Gebäude) anstatt aus der Grundsteuer A (für Grundstücke der Land- und Forstwirtschaft).

Auch bei einer Bebauung der Innenentwicklungspotenziale werden Grundsteuern aufgrund der Bebauung neu veranlagt und somit Zugewinne durch Einnahmen aus Grundsteuern generiert. Eine Erhebung zur Höhe bzw. zu den möglichen Einnahmegewinnen aus Grundsteuern im Innenbereich zeigte zum einen, dass bei bebauten, sehr großen Grundstücken für die zur Nachverdichtung nutzbaren Hausgartenflächen (potenzielle Bauplätze) kaum Grundsteuern anfallen, zum anderen, dass die meisten unbebauten innerörtlichen Flurstücke als landwirtschaftliche Grundstücke eingeordnet sind und für diese ebenso wie im Außenbereich Grundsteuer A erhoben wird. Daher können die Einnahmegewinne aus Grundsteuern bei der Innenentwicklung wie bei der Außenentwicklung etwa gleichermaßen angenommen werden. Wegen dieser für Crailsheim spezifischen Ausgangsbedingung werden unterschiedliche Einnahmegewinne aus Grundsteuern deshalb aufgrund der nur geringen Auswirkungen im Rechenmodell nicht berücksichtigt. Bei einer Anwendung des Rechenmodells in anderen Gemeinden wären die dortigen Ausgangsbedingungen zu prüfen.

f. Einwohnerbezogene Einnahmen und Ausgaben

Einwohnerbezogene Einnahmen und Ausgaben (Zuweisungen des Landes, Kreisumlage etc.) werden im Rechenmodell nicht berücksichtigt. Es wird angenommen, dass die Binnenzuzugsquote bei Wohneinheiten, die im Zuge der Innen- und der Außenentwicklung erstellt werden, gleich hoch ist. Einwohnerbezogene Einnahmen und Ausgaben fallen folglich im gleichen Maße bei einer Entwicklung im Außenbereich wie auch bei der Entwicklung der innerörtlichen Potenziale an.

g. Nicht monetär messbare Aspekte

Im Rechenmodell werden nur Einnahmen oder Ausgaben berücksichtigt, die im Zusammenhang mit der Baulandentwicklung stehen und deren finanzielle Auswirkungen mit nachvollziehbaren Verfahren und vertretbarem Aufwand

Abbildung 4. Für Wohnbauentwicklungen im Außenbereich sind die Herstellung und der anschließende Unterhalt neuer und teilweise kostenintensiver Anlagen notwendig, Innenentwicklung ermöglicht eine bessere Auslastung bestehender Infrastrukturen.
(Quelle IfSR, linke Abbildung; Stadt Crailsheim, rechte Abbildung)

erfasst werden können. Der Verlust landwirtschaftlicher Flächen und damit verbundene Ertragsverluste landwirtschaftlicher Betriebe werden im Rechenmodell nicht berücksichtigt. Ebenso können ökologische Fragestellungen, der Verlust von landschaftlichen Qualitäten oder soziale Fragestellungen betreffend verschiedener Qualitäten der Siedlungsentwicklung nicht in das Rechenmodell einfließen.

V. Innenentwicklungsumlage

Ergänzend zu den Kosteneinsparungen durch eine reduzierte Außenentwicklung wird im Rechenmodell betrachtet, in welchem Maß eine Umlage auf Verkaufspreise städtischer Bauplätze in zukünftigen Neubaugebieten im Außenbereich zur Förderung der Innenentwicklung beitragen kann. Im Rechenmodell können durch eine freie Eingabe die finanziellen Auswirkungen einer solchen Innenentwicklungsumlage in verschiedener Höhe (Euro/m² Nettobauland) betrachtet werden. Der Umfang der im Rechenmodell dafür zugrunde gelegten Außenentwicklungsflächen entspricht dem nach der jeweils getroffenen Zielsetzung zur Aktivierung innerörtlichen Potenziale noch notwendigen Nettobauland im Außenbereich.[7]

In Crailsheim wurden Werte zwischen 1,00 und 10,00 €/m² diskutiert. In der Modellrechnung wird eine moderate Innentwicklungsumlage von 3,50 €/m² angesetzt. Zu beachten ist dabei, dass höhere Baulandpreise aufgrund der Innenentwicklungsumlage die Konkurrenzfähigkeit der Stadt Crailsheim einschränken könnten (Nachbargemeinden könnten günstiger Baugrundstücke anbieten, da dort keine Umlage erhoben wird). Um die diesbezüglichen Auswirkungen der Innenentwicklungsumlage abschätzen zu können, wurde der zukünftige Verkaufspreis städtischer Bauplätze unter Annahme theoretisch zu erwartender Kosten kalkuliert.

Dieser Kalkulation wurden folgende Kostenwerte zugrunde gelegt.

7 Nettobauland: Summe der für die private Bebauung vorgesehenen Flächen nach Abzug der öffentlichen Erschließungs-, Spiel- und Grünflächen.

Grunderwerbspreis je m²	**35 Euro**
Nebenkosten Grunderwerb = 3,5 % der Grunderwerbskosten	
Planung und Vorbereitung je m² NBL[1]	5 Euro
Verwaltungsaufwand für Planung und Vorbereitung je m² NBL	2,8 Euro
Herstellung Verkehrsflächen je m²	120 Euro
Herstellung Grünflächen je m²	10 Euro
Herstellung Spielflächen je m²	50 Euro
Finanzierungskosten (Zinssatz Soll, 3,5 % – 5,5 %, Entwicklungszeitraum Grunderwerb bis vollständiger Verkauf der Flächen = 8 Jahre)	
1 NBL= Nettobauland	

Tabelle 1

Als Ergebnis der Berechnung wird mit einem zukünftigen kostendeckenden Verkaufspreis von ca. 98 €/m² zu rechnen sein. Dazu kommt die derzeit von der Stadt Crailsheim erhobene Infrastrukturpauschale[8] in Höhe von 10 €/m² für Wohnbauflächen. Wird die Innenentwicklungsumlage in Höhe von 3,5 €/m² hinzugerechnet ergibt sich ein kalkulierter Verkaufspreis von 112,5 €/m². In einer so frühzeitigen Kalkulation können zukünftige Verkaufspreise jedoch nur überschlägig betrachtet werden. Die tatsächlichen Verkaufspreise sind abhängig von den tatsächlich anfallenden Kosten (spätere Einzelkalkulation der Baugebiete auf Basis von detaillierten Planungen).

Die städtische Baulandentwicklung sichert auch unter Berücksichtigung der Innenentwicklungsumlage zukünftig angemessen niedrige Baulandpreise, da sparsam und wirtschaftlich entwickelt wird[9] und in Abgrenzung zu privaten Baulandentwicklungen keine Gewinne erzielt werden.

Zu Erreichung der in Kapitel 1 und 2 genannten Ziele soll die Innenentwicklungsumlage zukünftig bei neuen Wohnbaugebieten angewendet werden. Sie ist der Höhe und dem Grunde nach verhältnismäßig. Die Höhe soll nach angemessener Zeit überprüft werden.

8 Pauschale zur Berücksichtigung von Infrastruktureinrichtungen (Schulen, Kindergärten), die als Folge der Wohnbaulandausweisung notwendig werden, aber bisher nicht in der Kalkulation der Verkaufspreise berücksichtigt wurden.

9 Im Vergleich mit Referenzwerten aus dem Forschungsprojekt fokos-bw mit Vergleichszahlen aus acht Städten und Gemeinden in Baden-Württemberg.

VI. Wichtigste Einflussgrößen und Stellschrauben im Rechenmodell

– Innenentwicklungsumlage:
Da die Außenentwicklung im Verhältnis zur Innenentwicklung (mehr oder weniger) stark überwiegt, hat die Erhebung der Innenentwicklungsumlage sowie deren Höhe einen starken Einfluss auf die Höhe des Fördervolumens.

– Zielsetzung zur Aktivierung der Innenentwicklungspotenziale:
Niedrige Aktivierungsraten im Innenbereich und damit verbunden ein großes Baulandangebot im Außenbereich steigern die Fördersumme aus der Erhebung der Innenentwicklungsumlage. Folglich ist eine hohe Förderung innerörtlicher Grundstücke möglich. Andererseits entsteht durch ein großes Angebot von Neubauflächen im Außenbereich eine große Konkurrenz zu innerörtlichen Flächen. Dies könnte zur Folge haben, dass damit der ursprünglichen Zielsetzung entgegengearbeitet wird.

Werden hohe Aktivierungsraten als Zielsetzung angesetzt, bedingt dies auch einen geringeren Bauflächenbedarf im Außenbereich. Die Fördersumme aus der Erhebung der Innenentwicklungsumlage fällt dann nicht mehr so hoch aus. Je höher die Umlage gewählt wurde, desto stärker tritt dieser Effekt auf. Bei hohen Aktivierungsraten im Innenbereich kommen durch den damit einhergehenden geringeren „Flächenverbrauch" im Außenbereich dagegen mögliche Einspareffekt durch geringere Folgekosten stärker zum Tragen.

– Zeitliche Effekte:
Im Rechenmodell wird nur der Ausschnitt des gewählten Planungszeitraums bis 2025 betrachtet. Einspareffekte werden sukzessive berücksichtigt, d.h. es wird eine kontinuierlich voranschreitende Außenentwicklung bzw. eine kontinuierlich realisierte Einsparung von Fläche und Kosten angenommen.

Nach dem Planungszeitraum von 15 Jahren kommen, da alle eingesparten Flächen nun voll in die Berechnung einfließen können, die Einspareffekte aus verringerter Außenentwicklung voll zum Tragen und liegen dann etwa doppelt so hoch wie während des Planungszeitraums.

VII. Fördervolumen als Ergebnis der Modellrechnung

Im Rechenmodell werden das finanzielle Einsparpotenzial durch eine verringerte Außenentwicklung und Unterstützungsmöglichkeiten durch eine Innenentwicklungsumlage ermittelt. Als Ergebnis ergibt sich daraus das mögliche Volumen zur Finanzierung eines Förderprogramms für die Innenentwicklung.

Unter Berücksichtigung der oben beschriebenen Annahmen und eingesetzten Werte ergibt sich ein mögliches jährliches Fördervolumen von ca. 96.000 €.

Diese Summe setzt sich folgendermaßen zusammen:

– Einspareffekte durch eine reduzierte Außenentwicklung (geringere Folgekosten für Betrieb und Unterhaltung und geringere Rücklagen für Wiederherstellung und Erneuerung)	**ca. 37.000 Euro/a**
– Erhebung einer Innenentwicklungsumlage	ca. 59.000 Euro/a

Tabelle 2

Eine Übersicht hierzu kann dem Datenblatt (Anhang 1) entnommen werden.

Obwohl der Modellrechnung kommunal erhobene Daten zugrunde liegen und die Auswahl der zu betrachtenden Kosten aufgrund intensiver Diskussion mit den kommunalen Praktikern getroffen wurde, kann eine analytische Unsicherheit und eine damit einhergehende Unschärfe der Ergebnisse nicht vermieden werden. Besonders die zeitliche Entwicklung zukünftiger Baugebiete im Außenbereich kann im Modell nur über Annahmen berücksichtigt werden. Die genannte quantitative Zielsetzung zur Aktivierung von Innenentwicklungspotenzialen ist ebenfalls nur schwer zu kalkulieren, da in der Realität auch weitere, nicht nur ökonomische Kriterien die Nutzbarmachung beeinflussen. Die getroffenen Annahmen sollen daher nach einer ersten Förderperiode überprüft und das Förderprogramm bei Bedarf angepasst werden.

VIII. Empfehlungen für ein städtisches Förderprogramm „Innen vor Außen" (IVA)

1. Typenbildung Innenentwicklungspotenziale

Für verschiedene Typen von Innenentwicklungsflächen kann die faktische Wirtschaftlichkeit einer Bebauung sehr unterschiedlich sein. Um diesen Aspekt zu berücksichtigen, wurden verschiedene Innenentwicklungspotenzialtypen gebildet (s. Anlage 2). Dabei wurden diejenigen Faktoren berücksichtigt, die einen Einfluss auf die notwendigen finanziellen Aufwendungen für die Baureifmachung der Grundstücke haben. Weitere, weichere Faktoren, wie beispielsweise das direkte Umfeld oder die Attraktivität des jeweiligen Stadtteiles, wurden nicht berücksichtigt. In der Realität haben diese dennoch auf die Aktivierbarkeit der Potenzialflächen einen nicht unerheblichen Einfluss, der hier jedoch nicht quantifiziert werden kann.

Zur Typenbildung und um eine Annahme betreffend der Verhältnisse der verschiedenen Typen an der Gesamtheit der Innenentwicklungspotenziale treffen zu können, wurden die vorliegenden Neuordnungskonzepte der Stadtteile analysiert. Es erfolgte eine quantitative Erhebung der verschiedenen Potenzialtypen. Die folgenden Ergebnisse gehen von der ermittelten durchschnittlichen Grundstücksgröße von 730 m^2 aus. Eine Liste der gebildeten Potenzialtypen und ihrer Merkmale befindet sich im Anhang.

Als Resultat ergeben sich folgende Verhältnisse der Innenentwicklungspotenziale:

- Bei ca. 13 % der Grundstücke sind keine baulichen Veränderungen zur Baureifmachung notwendig, allenfalls Maßnahmen der Bodenordnung (Grundstücksteilung oder Grundstückszusammenlegung, Flächentausch...)
- Ca. 48 % der Grundstücke sind ganz oder teilweise bebaut, so dass mit Abbruchkosten in unterschiedlicher Höhe zu rechnen ist.
- Bei ca. 9 % der Grundstücke entstehen Kosten für private Erschließungsmaßnahmen.
- Bei ca. 24 % der Grundstücke ist mit Abbruchkosten und zusätzlich mit Kosten für private Erschließungsmaßnahmen zu rechnen.
- Bei ca. 6 % der Grundstücke sind Umnutzungen/Umbauten erforderlich.

Anhand dieser Ergebnisse zeichnen sich Grundstücke mit anstehenden Abbruchkosten (ca. 72 % aller Potenziale) sowie Grundstücke mit notwendigen Erschließungsmaßnahmen (ca. 33 % aller Potenziale) quantitativ als Handlungsschwerpunkte ab.

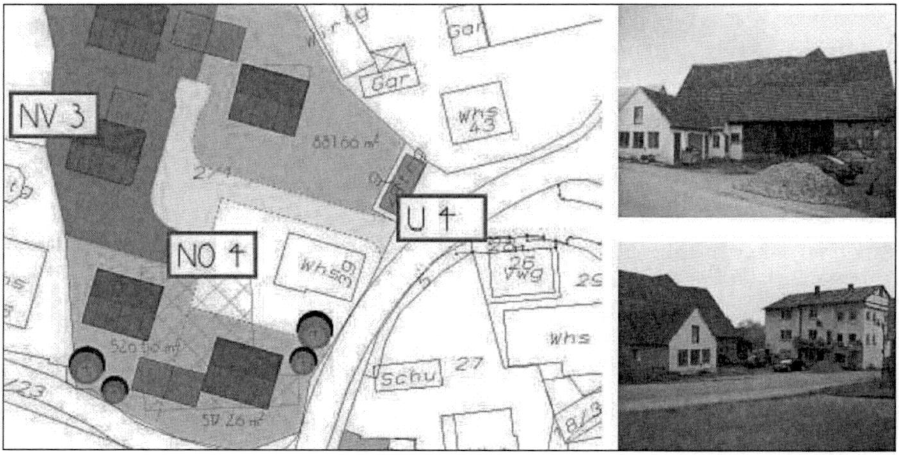

Abbildung 5: Beispiel für unterschiedliche, notwendige Aufwendungen zur Baureifmachung wie Abbruch und Erschließungsmaßnahmen

(Quelle: Neuordnungskonzept Stadtteil Westgartshausen)

2. Wirtschaftlichkeit einer Bebauung der Innenentwicklungspotenziale

Aufgrund des niedrigen Bodenpreisniveaus im Innenbereich der Stadtteile[10] (die Bodenrichtwerte liegen dort zwischen 30 und 60 €) ist der wirtschaftliche Anreiz für eine Veräußerung durch die Eigentümer oft wenig attraktiv. Ist ein Grundstück mit einer Altimmobilie „belastet“, gehen die anfallenden Rückbauaufwendungen in der Regel zulasten des Grundstückeigentümers. In vielen Fällen ist so faktisch kein Verkaufserlös erzielbar. Aus wirtschaftlicher Sicht stellen sich also notwendige Abbruch- oder Abrissmaßnahmen als das hauptsächliche Hemmnis für die Nutzbarmachung und ggf. den Verkauf innerörtlicher

10 Abgrenzung der betroffenen Stadtteile siehe Kapitel 2.2.7. Bodenrichtwert Altenmünster liegt höher.

Bauplätze dar. Umso mehr, da ca. 72 % der vorhandenen Innenentwicklungspotenziale in irgendeiner Form mit einer nicht nutzbaren Altimmobilie „belastet" sind.

Abbruchkosten sind nur schwer in ihrer Gesamtheit abzuschätzen. Aufgrund sehr unterschiedlicher Baumaterialien und Gebäudemassen ist immer eine Einzelfallbetrachtung notwendig. Ist das Grundstück umfangreich bebaut (Althofstelle, größere Wohnhäuser), so können sich beispielsweise Abbruchkosten zwischen 30.000 und 40.000 € ergeben.[11] In anderen Fällen sind die Grundstücke jedoch „nur" mit Nebengebäuden, Schuppen, Garagen oder kleineren Wohngebäuden bebaut.

Aufgrund dieser Ergebnisse wurde das Förderprogramm mit der Zielsetzung konzipiert, die seitherigen Aktivierungshemmnisse innerörtlicher Potenzialflächen abzubauen und eine deutliche Steigerung der jährlichen Aktivierungsraten zu erreichen.

3. Flankierende Maßnahmen

Das Förderprogramm unterstützt wirtschaftliche Aspekte der Aktivierung von Innenentwicklungspotenzialen. Die Wirkung des Förderprogramms hängt, neben der zielgerichteten Ausrichtung der Programminhalte, auch von weiteren, flankierenden Maßnahmen der Stadtverwaltung ab.

Empfohlen wird eine Unterstützung des Förderprogramms insbesondere durch:

- Öffentlichkeitsarbeit
- Regelmäßige und systematische Eigentümerbefragung von Potenzialflächen
- Verstärkte Beratung von Bauwilligen und verkaufsbereiten Eigentümern
- Evtl. Einrichtung einer Börse für Bauplätze und sanierungsbedürftige Bestandsgebäude (internetgestützt)
- Ggf. weitere Maßnahmen bis zu einem Erwerb von Schlüsselgrundstücken durch die Stadt

Aufgrund begrenzter personeller Kapazitäten der Stadtverwaltung kann diese begleitende Unterstützung derzeit nicht geleistet werden.

11 Z.B. Gebäudegröße einer Althofstelle mit Scheunengebäude: 300 m^2 Grundfläche x 8 m Höhe, Abrisskosten 15 €/m^3 umbauter Raum = 36.000 €.

4. Finanzielle Ausstattung des Förderprogramms

Es wird empfohlen, das Förderprogramm mittelfristig mit einem jährlichen finanziellen Volumen von 100.000 € auszustatten. Damit könnte eine Förderung von zehn Vorhaben mit dem vorgeschlagenen Höchstsatz von 10.000 € ermöglicht werden. Dies würde der eingangs formulierten Zielsetzung entsprechen, eine Aktivierungsrate der vorhandenen Innenentwicklungspotenziale von jährlich 2,5 % zu erreichen.

Als Ergebnis der Modellrechnung ergibt sich unter den dargelegten Annahmen ein mögliches jährliches Fördervolumen von ca. 96.000 €/a (siehe Kapitel VI).

Zu Beginn ist vorgesehen, jährlich 50.000 € im Haushalt der Stadt Crailsheim als Förderbudget bereitzustellen (Sockelbetrag). Dieser Betrag wird einerseits durch den kommunalen Einspareffekt einer reduzierten Außenentwicklung (ca. 37.000 €/a) und andererseits über die Erhebung der Innenentwicklungsumlage bei neuen Baugebieten (ca. 13.000 €/a) finanziert. Die Einnahmen aus der Innenentwicklungsumlage können, je nach Fläche der verkauften städtischen Bauplätze, im zeitlichen Verlauf Schwankungen unterliegen. Solange die Erhebung der Innenentwicklungsumlage weniger als 13.000 €/a ausmacht, wird der Differenzbetrag über Haushaltsmittel der Stadt Crailsheim finanziert.

Die Einnahmen aus der Innenentwicklungsumlage sollen vollständig in das Förderprogramm fließen. Daher soll das jährlich im Haushalt bereitgestellte Förderbudget später entsprechend den Einnahmen aus der Innenentwicklungsumlage bei neuen Baugebieten erhöht werden.

Nicht abgerufene bzw. nicht beantragte Fördermittel soll die Stadtverwaltung Crailsheim nutzen, um innerörtliche Potenzialflächen durch Abbruch entbehrlicher Bausubstanz zu aktivieren. Die Stadt soll insbesondere die kommunalen Einspareffekte selbst zur Steigerung der Innenentwicklung nutzen, wenn nicht ausreichend Anträge vorliegen.

Anlage 1: Entwurf Förderrichtlinien „Innen vor Außen" (Stand Juni 2011)

I. Ziel des Förderprogramms

Die Stadt Crailsheim verfolgt seit Jahren mit Nachdruck eine Konzentration der Siedlungstätigkeit auf den Innenbereich.

Innerörtliche Bauflächen sollen verstärkt aktiviert und einer Bebauung zugänglich gemacht werden. Strukturelle Leerstände sollen vermieden und nicht erhaltenswerte Altgebäude durch Neubauten ersetzt werden. Gleichzeitig wird eine Verbesserung des Ortsbildes erreicht. Innenentwicklung setzt Impulse zur Wiederbelebung der Ortskerne, der Flächenverbrauch im Außenbereich wird reduziert, Natur und Umwelt werden geschont. Gleichzeitig stützt eine verstärkte Innenentwicklung die Auslastung vorhandener Infrastrukturen im Siedlungsbestand.

Zur Erreichung dieser Ziele sollen die Fördermittel entsprechend nachfolgender Kriterien zielgerichtet eingesetzt werden.

II. Förderkulisse

Gefördert werden Vorhaben,

a) die im Abgrenzungsbereich eines Neuordnungskonzeptes in den Stadtteilen Altenmünster, Beuerlbach, Goldbach, Ingersheim, Jagstheim, Onolzheim, Roßfeld, Tiefenbach, Triensbach, oder Westgartshausen/Wittau der Stadt Crailsheim liegen und

b) bei denen das Baujahr des/der abzubrechenden Gebäude/s vor 1975 liegt.

Vorhaben in den Stadtteilen Altenmünster, Beuerlbach und Goldbach sind bis zum Vorliegen eines Neuordnungskonzeptes nur im Innenbereich nach § 34 BauGB förderfähig.

Die Neuordnungskonzepte sind unter www.crailsheim.de abrufbar.

III. Födertatbestände, Förderfähige Kosten, Art und Höhe der Förderung

- Gefördert werden Abbruch- und Abräumkosten nicht erhaltenswerter Bausubstanz im Zuge des Freimachens von Grundstücken zur Schaffung von neuem Wohnraum. Voraussetzung für eine Förderung ist, dass mit dem geplanten Vorhaben mindestens eine Wohneinheit entsteht. Vorhaben mit mehr als fünf Wohneinheiten sollen nur ausnahmsweise gefördert werden.
- Abbruch- und Abräumkosten sind in dem Umfang förderfähig, wie sie für das anschließend geplante Neubauvorhaben notwendig sind.
- Notwendige Begleitmaßnahmen wie beispielsweise Verkehrssicherungsmaßnahmen, Statik und Sicherungsarbeiten an Nachbargebäuden etc. sind ebenfalls förderfähig und können in die Gesamtsumme der Abbruch- und Abräumkosten eingerechnet werden.
- Die Förderung wird als anteiliger Zuschuss gewährt. Der Fördersatz beträgt 40 %. Förderfähig sind die durch Rechnung nachgewiesenen tatsächlichen Ausgaben. Die maximale Förderung beträgt 10.000 € je Vorhaben. Förderungen unter 2.000 € werden nicht bewilligt.
- Gefördert wird ebenfalls eine Erstberatung durch ein Architektur- oder Ingenieurbüro im Gesamtwert von bis zu 500 €.

IV. Begünstigte

- Förderbegünstigt sind Privatpersonen, ausnahmsweise juristische Personen, Personengesellschaften und Personengemeinschaften.
- Förderbegünstigt sind jeweils die Eigentümer des Grundstücks, auf dem die zur Förderung beantragte Maßnahme durchgeführt werden soll.
- Grundeigentum eines engen Familienmitglieds kann als gleichwertig anerkannt werden.
- Befindet sich das Grundstück bei Antragstellung noch nicht im Eigentum des Antragstellers, kann die Förderung erst nach Eigentumsübergang abgerufen werden.

V. Sonstige Förderbedingungen

Anerkennung von Eigenleistungen:

- Eigene Arbeitsleistungen sind nicht förderfähig. Durch Rechnungsnachweis belegte Sach- oder Materialkosten können gefördert werden.

Bereitstellung und Bewilligung der Fördermittel:

- Das Förderprogramm ist eine freiwillige Leistung der Stadt Crailsheim. Auf die dargestellte Förderung besteht kein Rechtsanspruch.
- Fördermittel können nur gewährt werden, wenn im jeweiligen Haushaltsjahr entsprechende finanzielle Mittel für das Programm bereitstehen.
- Falls die Anzahl der gestellten Anträge das zur Verfügung stehende Finanzvolumen übersteigt, behält sich die Stadt vor, eine Auswahl unter den Antragstellern zu treffen. Es können räumliche und sachliche Förderschwerpunkte gesetzt werden.
- Im Einzelfall behält es sich die Stadt Crailsheim vor, von den Fördervorschriften abzuweichen bzw. keine Förderung zu bewilligen (z.B. bei geplanten Kombinationen mit anderen Förderprogrammen). Hierüber entscheidet der Gemeinderat.

Rückzahlungsverpflichtung bewilligter oder ausgezahlter Fördermittel:

- Bei falschen Angaben des Zuwendungsempfängers oder Nichterfüllen der Förderrichtlinie/Förderbedingungen (u.a. hauptsächlich Schaffung von Wohnraum) wird der Förderbescheid aufgehoben. Der Zuwendungsempfänger ist verpflichtet, die gewährte Förderung unverzüglich einschließlich einer Verzinsung von 2 % über dem Leitzins zurückzuzahlen.
- Die Nichtdurchführung des geplanten Neubauvorhabens innerhalb von drei Jahren (Baubeginn, Fertigstellung nach fünf Jahren) führt zur Aufhebung des Förderbescheides und zur Rückzahlungsverpflichtung der gewährten Zuschüsse.
- Die Zweckbindungsfrist beträgt fünf Jahre. Wird das geförderte Objekt nach der Fertigstellung vor Ablauf von fünf Jahren ganz oder teilweise zu einer anderen Nutzung als zu Wohnzwecken genutzt, führt dies zur Aufhebung des Förderbescheides und zur Rückzahlungsverpflichtung der gewährten Zuschüsse.

Kombination oder Kumulation mit Mitteln aus anderen Förderprogrammen:
- Eine Kombination oder Kumulation mit Mitteln aus anderen Förderprogrammen (z. B. ELR, LSP) soll im Regelfall nicht erfolgen.

VI. Antragstellung und Antragsverfahren

- Der Fördermittelantrag ist bei der Stadt Crailsheim schriftlich zu stellen (Antragsformular im Rathaus und auf der Homepage der Stadt Crailsheim erhältlich).
- Mit der baulichen Umsetzung des Vorhabens darf erst nach Bewilligung der Mittel begonnen werden. Eine Bewilligung erfolgt schriftlich.
- Eine Auszahlung der Förderung erfolgt nach Durchführungs- und Rechnungsnachweis der tatsächlich entstandenen Ausgaben.
- Anträge können jederzeit gestellt werden. Nicht zum Zuge gekommene Anträge können erneut eingereicht werden.

<table>
<tr><td>Aktuelle Einwohnerzahl (Stand 31.06.2010, Statistik BW)</td><td colspan="2">32.998 EW</td></tr>
<tr><td>Einwohnerprognose bis 2025 (Vorausrechnung der Stadt Crailsheim, modifizierte Trendfortschreibung auf Basis der Bevölkerungsdaten Statistik BW)</td><td colspan="2">33.472 EW</td></tr>
<tr><td>Zugrundegelegter Planungszeitraum</td><td colspan="2">15 Jahre</td></tr>
<tr><td>Wohnbauflächenbedarf bis 2025, gesamt (Berechnungsmethode entsprechend der Hinweise des Wirtschaftsministeriums BW zur Plausibilitätsprüfung des Bauflächenbedarfs aus dem Jahr 2009)</td><td colspan="2">51,04 ha</td></tr>
<tr><td>– Wohnbauflächenbedarf bis 2025 aus Belegungsdichterückgang</td><td colspan="2">43,14 ha</td></tr>
<tr><td>– Wohnbauflächenbedarf bis 2025 aus Einwohnerentwicklung</td><td colspan="2">7,90 ha</td></tr>
<tr><td colspan="3">Ist-Zustand und Zielsetzung Innenentwicklung</td></tr>
<tr><td>Annahme Ist-Zustand Aktivierung jährlich:
1 % aller theoretisch vorhandenen Potenziale bis 2025</td><td>6,41 ha</td><td rowspan="3">51,04 ha</td></tr>
<tr><td>Freie Bauplätze in bestehenden Gebieten mit Bebauungsplänen</td><td>3,10 ha</td></tr>
<tr><td>Resultat noch notwendige Außenentwicklung</td><td>41,53 ha</td></tr>
<tr><td>Annahme Zielsetzung Aktivierung jährlich:
2,5 % aller theoretisch vorhandenen Potenziale bis 2025</td><td>14,47 ha</td><td rowspan="3">51,04 ha</td></tr>
<tr><td>Freie Bauplätze in bestehenden Gebieten mit Bebauungsplänen</td><td>3,10 ha</td></tr>
<tr><td>Resultat noch notwendige Außenentwicklung</td><td>33,47 ha</td></tr>
<tr><td>Differenz zwischen Ist-Zustand und Zielsetzung Innenentwicklung – „mehr" Innenentwicklung, verringerte Außenentwicklung</td><td colspan="2">8,06 ha</td></tr>
</table>

Flächenbilanz zukünftige Baugebietsentwicklungen im Außenbereich (Rechenansatz lt. Zielsetzung)			
Bruttobauland	100 % (8,06 ha)	Öffentliche Grünflächen	7 % (0,56 ha)
Nettobauland*	76 % (6,13 ha)	Öffentliche Verkehrsflächen	15 % (1,21 ha)
* Summe der Bauplatzflächen		Flächen für Spielplätze	2 % (0,16 ha)
Einspareffekte durch reduzierte Außenentwicklung			
Grunddaten:	Verkehrsfläche, Investitionskosten je m^2		ca. 120 €
	Spielflächen, Investitionskosten je m^2		ca. 50 €
	Grünflächen, Investitionskosten je m^2		ca. 10 €
Folgekosten Betrieb und Unterhaltung für Baulandentwicklung in % der Investitionskosten (reduzierter Folgekosten bei mehr Innenentwicklung)		Verkehrsfläche	2,0 %
		Grün- bzw. Spielfläche	1,5 %
Einspareffekte jährlich (bis 2025) (gemittelter Wert, anschließend ca. 25.300 €)	ca. 13.500 €	Einspareffekte gesamt (Dauer Planungszeitraum)	ca. 202.000 €
Rücklagen für Wiederherstellung / sukzessive Erneuerung (reduzierte Rücklagen bei mehr Innenentwicklung – jährliche Preissteigerung von 1 % berücksichtigt)		Nutzungsdauer Verkehrsfläche	ca. 60 Jahre
		Nutzungsdauer Grün- bzw. Spielfläche	ca. 20 Jahre
Einspareffekte jährlich (bis 2025) (gemittelter Wert, anschließend ca. 43.500 €)	ca. 23.200 €	Einspareffekte gesamt (Dauer Planungszeitraum)	ca. 348.000 €
Innenentwicklungsumlage auf Außenbereichsflächen			
Innenentwicklungsumlage je m^2 Nettobauland (noch notwendige Außenentwicklung)			3,50 €
Umlage jährlich (gemittelter Wert)	ca. 59.300 €	Umlage gesamt (Dauer Planungszeitraum)	ca. 890.000
Summe aus Einspareffekten und Innenentwicklungsumlage (Fördervolumen)			
Jährlich (gemittelter Wert, entsprechend oben getroffener Annahmen)	ca. 96.000 €	gesamt (Dauer Planungszeitraum, entsprechend oben getroffener Annahmen)	ca. 1.440.000 €

Tabelle 3: Strukturdaten, Wohnbauflächenbedarf

<table>
<tr><td colspan="3">Potenzialflächen mit Bestandsgebäuden (ca. 72 % der Innenentwicklungsflächen, im gesamten Planungszeitraum entsprechend Zielsetzung 2,5 %, Annahme lineare Aufsiedelung)</td><td>ca. 10,4 ha</td></tr>
<tr><td colspan="3">Durchschnittliche Fördermittelverteilung (bei einer mittleren Grundstücksgröße von 730 m²)</td><td>ca. 10.000 €</td></tr>
<tr><td>Fördermindestbetrag („Bagatellgrenze“, Förderprogramm „Innen vor Außen“ (IVA))</td><td>2.000 €</td><td>Förderhöchstbetrag (Förderprogramm „Innen vor Außen“ (IVA))</td><td>10.000 €</td></tr>
</table>

Tabelle 4: Förderung innerörtlicher Potenzialflächen mit anstehenden Abbruchkosten

Das Crailsheimer Modell zur Förderung der Innenentwicklung, Anlage 2

Potenzialtyp/ Notwendige Aufwendungen zur Baureifmachung		Beispiel	Erschließung, bzw. Änderung der Erschließung notwendig?	Abriss notwendig?	Bodenordnung/Teilung Grenzregelung notwendig?	Geschätzter Anteil an Gesamtbestand aller Potenzialflächen (eigene Überprüfung)
1.	Baulücke					
1.1	unbebautes Grundstück, erschlossen – Keine besonderen Aufwendungen zur Baureifmachung	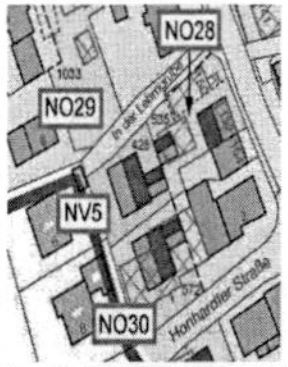	nein	nein	nein	2 %
1.2	bebautes Grundstück, erschlossen – Abrisskosten	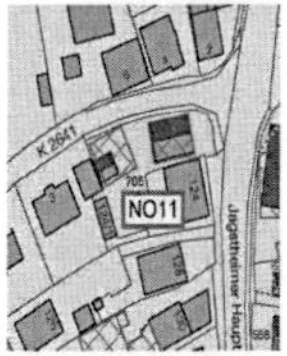	nein	ja	nein	21 %
1.3	unbebautes Grundstück(steil), erschlossen, Bodenordnung notwendig – Keine besonderen Aufwendungen zur Baureifmachung – Durch notwendige Bodenordnung u.U. Beratungs- und Gesprächsaufwand seitens der Verwaltung	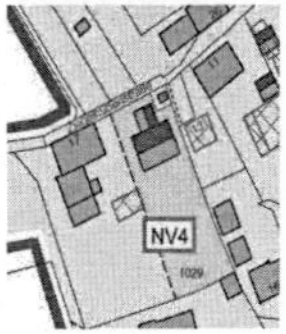	nein	nein	ja	11 %

Potenzialtyp/ Notwendige Aufwendungen zur Baureifmachung		Beispiel	Erschließung, bzw. Änderung der Erschließung notwendig?	Abriss notwendig?	Bodenordnung/Teilung Grenzregelung notwendig?	Geschätzter Anteil an Gesamtbestand aller Potenzialflächen (eigene Überprüfung)
1.4	bebautes Grundstück(steil), erschlossen, Bodenordnung notwendig – Abrisskosten – Durch notwendige Bodenordnung u.U. Beratungs- und Gesprächsaufwand seitens der Verwaltung	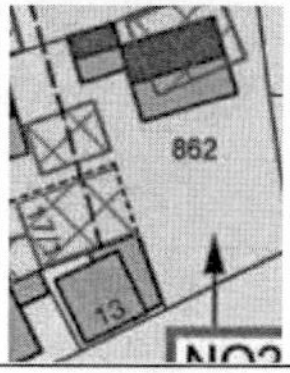	nein	ja	ja	27 %
2.	Nachverdichtung/Neuordnungsbedarf					
2.1	unbebautes Grundstück, nicht direkt erschlossen – Kosten für private oder öffentliche Erschließungsmaßnahmen – U.U. Bebauungsplanverfahren erforderlich	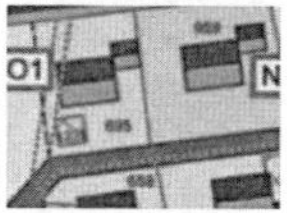	ja	nein	nein	3 %
2.2	unbebautes Grundstück(steil), nicht direkt erschlossen, Bodenordnung notwendig – Kosten für private oder öffentliche Erschließungsmaßnahmen – Durch notwendige Bodenordnung u.U. Beratungs- und Gesprächsaufwand seitens der Verwaltung – Bei größeren Gebieten und umfassender Neuordnung Planungskosten	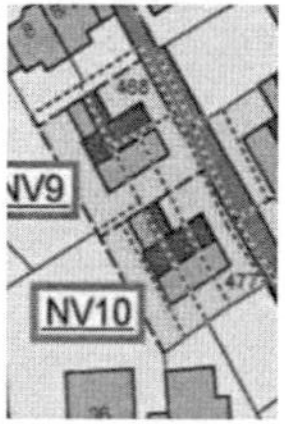	ja	nein	ja	6 %

Potenzialtyp/ Notwendige Aufwendungen zur Baureifmachung		Beispiel	Erschließung, bzw. Änderung der Erschließung notwendig?	Abriss notwendig?	Bodenordnung/Teilung Grenzregelung notwendig?	Geschätzter Anteil an Gesamtbestand aller Potenzialflächen (eigene Überprüfung)
2.3	bebautes Grundstück, nicht direkt erschlossen – Abrisskosten – Kosten für private oder öffentliche Erschließungsmaßnahmen – U.U. Bebauungsplanverfahren erforderlich	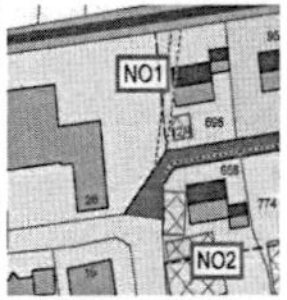	ja	ja	nein	unter 1 %
2.4	bebautes Grundstück(steil), nicht direkt erschlossen, Bodenordnung notwendig – Abrisskosten – Kosten für private oder öffentliche Erschließungsmaßnahmen – Durch notwendige Bodenordnung u.U. Beratungs- und Gesprächsaufwand seitens der Verwaltung – Bei größeren Gebieten und umfassender Neuordnung Planungskosten	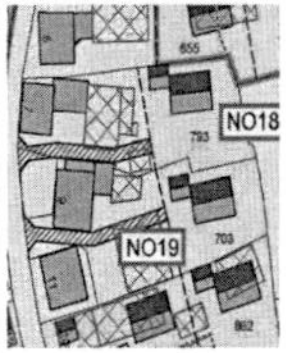	ja	ja	ja	23 %
3.	Umnutzung					
3.1	Erhalt oder Umbau leer stehender Immobilien (Wohnhäuser , landwirtschaftliche Gebäude) – Kosten je nach Zustand des Gebäudes	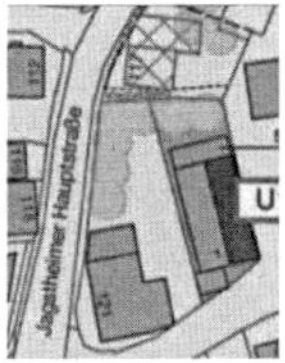	nein	nein	nein	Insg. 6 %

Tabelle 5: Übersicht zu Innenentwicklungspotenzialtypen

Fördertatbestand	Förderfähige Kosten	Art der Förderung	Vorteile / Nachteile
Gebäudeabbrüche **Gefördert werden Gebäudeabbrüche und das Freimachen von Grundstücken zur Schaffung von Bauflächen für Wohnraum in Ortslagen. Ist bisher aus städtischer Perspektive der wichtigste zu unterstützende Kostenpunkt.** **Ca. 72 % aller Innenentwicklungspotenzialflächen sind bebaut.** **Bei einer Aktivierung von jährlich 2,5 % aller Potenziale wären dies theoretisch ca.10 zu fördernde Vorhaben im Jahr.**	Abbruch- und Abräumkosten sind in dem Umfang förderfähig, wie für das anschließend geplante Neubauvorhaben notwendig ist. Notwendige Begleitmaßnahmen sind ebenfalls förderfähig und können in die Gesamtsumme der Abbruch- und Abräumkosten eingerechnet werden. Bspw. Verkehrssicherungsmaßnahmen, Statik und Sicherungsarbeiten an Nachbargebäuden etc.	Anteiliger Zuschuss nach Durchführung des Vorhabens und Rechnungsnachweis in Höhe von **30–50 %** der förderfähigen Kosten. Maximale Förderung je Vorhaben **10.000 Euro.** Rückforderung der Fördermittel bei Nichtdurchführung des geplanten Neubauvorhabens innerhalb von 3 Jahren.	**Vorteile:** – überschaubare Lösung – geringes Konfliktpotenzial bei der Beurteilung der Förderfähigkeit – Abbruchkosten sind großes Hemmnis **Nachteile:** – Ungleichbehandlung von Vorhaben (Vorhaben ohne notwendigen Abriss dienen auch dem Ziel der Innenentwicklung und können – auch bei unbebauten Grundstücken - kostenintensiver sein.) Trifft nur zu, wenn Fördertatbestand 4 nicht in das Programm aufgenommen wird. – Mitnahmeeffekte

Fördertatbestand	Förderfähige Kosten	Art der Förderung	Vorteile / Nachteile
Beratung für Bauherren	Übernahme einer Erstberatung durch die Verwaltung und ergänzend durch Architektur-/Ingenieurbüro (bei Neubauten/Umnutzung/ Umbauten) im Gesamtwert von bis zu **500 Euro.**	Gutschein für die beschriebenen Leistungen oder Beratungsauftrag von der Stadt an ein Büro. Evtl. Beschränkung auf ein Partnerbüro. Möglichkeit: Rückzahlung eines Teiles der Kosten bei Nichtdurchführung des geplanten Vorhabens.	**Vorteile:** – Sinnvoll, um Bauwilligen die Möglichkeiten aufzuzeigen, falls bspw. Fragen der Bebaubarkeit/Erschießung im Raum stehen und hemmend wirken. – Nicht sehr kostenintensiv – Möglichkeit einer frühzeitigen positiven Begleitung von Vorhaben **Nachteil:** – Erwerbsabsichten für ein bestimmtes Grundstück müssen bereits vorhanden sein – nicht zwingend erfolgsabhängig – Mitnahmeeffekte

Fördertatbestand	Förderfähige Kosten	Art der Förderung	Vorteile / Nachteile
Option zusätzlich: Herstellung von privaten bzw. Änderung vorhandener Erschließungsanlagen durch Private **Kosten für Änderung bzw. Herstellung privater Erschließungsanlagen können Bauherren bei innerörtlichen Bauvorhaben ebenfalls belasten.** **Für mindestens. 30% aller Innenentwicklungspotenzialflächen ist eine Herstellung neuer bzw. Änderung vorhandener Erschließungsanlagen notwendig.** **Bei einer Aktivierung von jährlich 2,5 % aller Potenziale wären dies theoretisch ca. 4 bis 5 zu fördernde Vorhaben im Jahr.**	Förderfähig sind Kosten zur Herstellung von privaten bzw. Änderung vorhandener Erschließungsanlagen, soweit die Erschließungsmaßnahmen erforderlich sind, um das geplante Bauvorhaben zu verwirklichen und die Kosten selber getragen werden.	Anteiliger Zuschuss nach Durchführung des Vorhabens und Rechnungsnachweis in Höhe von **30–50 %** der förderfähigen Kosten. Maximale Förderung je Vorhaben **10.000 Euro.** Rückforderung der Fördermittel bei Nichtdurchführung des geplanten Neubauvorhabens innerhalb von 3 Jahren.	**Vorteile:** – förderfähig wären grundsätzlich Vorhaben auf allen innerörtlichen Grundstücken, die mit zusätzlichen finanziellen Belastungen verbunden sind. – breitere Unterstützung **Nachteile:** – pro Grundstück stehen weniger Mittel zur Verfügung – höherer Aufwand der Abrechnung – Mitnahmeeffekte

Alternative Fördermöglichkeiten zur Diskussion

Fördertatbestand	Förderfähige Kosten	Art der Förderung	Vorteile / Nachteile
Option alternativ: Baukosten/Sanierungskosten Innerörtliche Neubauvorhaben und Umnutzung zu Wohnzwecken dienen, wenn damit die Neuschaffung von Wohnraum verbunden ist, allgemein den genannten Zielen.	Förderfähig sind Baukosten bei der Neubebauung innerörtlicher Potenziale bzw. bei Umnutzung und Umbauten zur Schaffung von Wohnraum. Förderfähig sind Kosten in Höhe von bis zu 10.000 Euro pro neu entstandene Wohneinheit. Ggf. unmittelbare Konkurrenz zu städtebaulichen Sanierungsprogrammen.	Anteiliger Zuschuss nach erfolgter Maßnahme in Höhe von 50 % der förderfähigen Kosten. Alternativ dazu könnte eine Förderung wahlweise möglich sein als: – zinsloses Darlehen oder – Zinszuschuss auf die Dauer von x Jahren zur Verringerung der Zinsbelastung in den ersten Jahren Maximale Förderung je Vorhaben 10.000 Euro. Fördermittel stehen den Bauherren zu. Grunderwerb kein Muss.	**Vorteile:** – sehr breite Unterstützung: förderfähig wären alle innerörtlichen Bauvorhaben, mit denen Wohnraum geschaffen wird, auch Bebauung eigener Grundstücke. – Gute Möglichkeiten der Verknüpfung der Förderkriterien mit weiteren Bedingungen gegeben. (z.B. energiesparende Bauweise, ...) **Nachteile:** – Evtl. hoher Aufwand der Abrechnung, eventuell Beschränkung der förderfähigen Kosten auf bestimmte Baustandards etc. – Mitnahmeeffekte

Fördertatbestand	Förderfähige Kosten	Art der Förderung	Vorteile / Nachteile
Option alternativ: Grunderwerbskosten bei anschließender Neubebauung.	Förderfähig sind der Kaufpreis einschließlich der vorhandenen Gebäude bis zur Höhe des Verkehrswertes und die Nebenkosten bei anschließender Neubebauung zur Schaffung von Wohnraum.	Anteiliger Zuschuss nach Abschluss des notariellen Kaufvertrages in Höhe von 50 % der förderfähigen Kosten. Alternativ dazu könnte eine Förderung wahlweise möglich sein als: – zinsloses Darlehen oder – Zinszuschuss auf die Dauer von x Jahren zur Verringerung der Zinsbelastung in den ersten Jahren Maximale Förderung je Vorhaben 10.000 Euro. Fördermittel stehen nur dem Grunderwerber zu.	**Vorteile:** – sehr breite Unterstützung potenzieller Grundstückserwerber **Nachteile:** – ist sehr generell gehalten – Bei Förderung der Finanzierung hoher Verwaltungsaufwand – Mitnahmeeffekte

Tabelle 6: Fördermöglichkeiten zur Diskussion

Übersicht über die bisher erschienenen Titel

Vergaberecht in der städtebaulichen Planung
122 Seiten · 2008 · ISBN 978-3-93 98 04-51-2 · Preis € 38,–

Umweltrechtliche Einflüsse in der städtebaulichen Planung
244 Seiten · 2009 · ISBN 978-3-93 98 04-73-4 · Preis € 58,–

Mobilisierung von Baulücken und Leerstandspotenzialen
112 Seiten · 2009 · ISBN 978-3-869 65-013-5 · Preis € 36,–

Entschädigung und Haftung in der städtebaulichen Planung
184 Seiten · 2009 · ISBN 978-3-869 65-125-5 · Preis € 42,–

Die Abwägung – das Herzstück der städtebaulichen Planung
156 Seiten · 2010 · ISBN 978-3-869 65-140-8 · Preis € 39,–

Aspekte der Innenentwicklung in der städtebaulichen Planung
124 Seiten · 2011 · ISBN 978-3-86965-176-7 · Preis € 36,–